Richard Adelbert Lipsius

Die Pilatus-Akten - kritisch untersucht

Richard Adelbert Lipsius

Die Pilatus-Akten - kritisch untersucht

ISBN/EAN: 9783743642171

Hergestellt in Europa, USA, Kanada, Australien, Japan

Cover: Foto ©ninafisch / pixelio.de

Weitere Bücher finden Sie auf **www.hansebooks.com**

Die

PILATUS-ACTEN

KRITISCH UNTERSUCHT

von

Richard Adelbert Lipsius.

KIEL

Schwers'sche Buchhandlung

1871.

DER HOCHWUERDIGEN

K. K. EVANGELISCH-THEOLOGISCHEN FACULTÆT

ZU WIEN

ZU IHREM FUNFZIGJÆHRIGEN JUBILÆUM

AM XXV. APRIL MDCCCLXXI

GEWIDMET.

Geehrte Herrn Collegen!
Liebe Freunde!

Gestatten Sie mir, Ihre freundliche Einladung zum fünfzig-
jährigen Jubiläum Ihrer Facultät mit einem Festgrufse aus der Ferne
zu erwidern. Gern wäre ich perfönlich in Ihre Mitte geeilt, um mit
dem Gedächtniffe der zurückgelegten erften hundert Semefter zugleich
auch die Erinnerung an gemeinfame Arbeit und gemeinfame Kämpfe
zu erneuen. Bald ein Jahrzehnt ift verftrichen, feit ich als jüngftes
Mitglied der Facultät durch unferen unvergefslichen Schimko ein-
geführt wurde. Es war im Geburtsjahre der Februarverfaffung, diefes
Palladiums der Rechte und Freiheiten der öfterreichifchen Deutfchen;
in dem denkwürdigen Jahre, welches auch den Evangelifchen Oefter-
reichs die lange vorenthaltene Gleichberechtigung mit den Katholifchen
brachte. und fie mit jener freifinnigen Kirchenverfaffung befchenkte,
um welche wir in Preufsen fie wohl noch lange beneiden werden.
Auch die Facultät fchien in jener hoffnungsvollen Zeit einer fchöneren
Zukunft entgegenzugehen. Die Berufung neuer Lehrkräfte aus Deutfch-
land und die Gewährung reicherer Mittel zur Unterftützung armer
Studirender galten uns als ficheren Unterpfänder für den ernften Willen
der Regierung, die Facultät nach Innen und Aufsen zu der einer
Pflegeftätte deutfcher Wiffenfchaft würdigen Stellung zu erheben. Die
Einverleibung in die Wiener Univerfität fchien nahe bevorzuftehen,

und im fröhlichen Wetteifer der Aelteren und der Jüngeren unter uns
arbeiteten wir an der Abfchaffung des thörichten Studienzwangs und
an der Reform unferer Einrichtungen nach dem Mufter der deutfchen
Univerfitäten. Wenige Jahre darauf kam die Siftirungszeit mit ihren Enttäu-
fchungen. Auch unfere Hoffnungen wurden fiftirt. foweit wir fie nicht
fchon vorher in aller Stille zu Grabe getragen. Mich trieb die Vor-
enthaltung gerechter Anfprüche unferer Facultät von Oefterreich hin-
weg. Sie wiffen, wie fchwer mir damals das Scheiden ward. Aber
ich habe den Segen würdigen gelernt, der darauf ruht, einem kern-
gefunden, wohlgeordneten, kräftig emporblühenden Staatswefen anzu-
gehören. Wenn hier im Norden neue Kämpfe meiner warteten, fo
ftärkte mich das Gefühl, dafs auch meine Arbeit an ihrem geringen
Theil von demfelben Geifte getragen wird, in welchem das Geheimnifs
von Preufsens Macht und die Bürgfchaft einer grofsen Zukunft des
deutfchen Reiches beruht. Die Raben, die den Kyffhäufer umflattern,
verfcheuchen zu helfen, lohnt wahrlich der Mühe, wenngleich das Ge-
krächz diefes fchwarzen Gevögels in meinen Ohren vielmehr ergötzlich
als fchrecklich klingt.

Sie haben inzwifchen Einen Syftemwechfel nach dem Anderen
erlebt. Ungefchickte Aerzte haben auch an den gefundeften Theilen
des alten Kaiferftaates fo lange herumcurirt, bis das allgemeine Gefühl der Verzagtheit auch den Muthigften ergriff. Auch Ihre Facultät
hat unter diefen unaufhörlichen Schwankungen fchwer zu leiden gehabt. Der Hort der proteftantifchen Wiffenfchaft in Oefterreich war
den Ultramontanen und Feudalen von Jeher ein Dorn im Auge,
während ein oberflächlicher Liberalismus, der die politifchen Kinder-
fchuhe noch nicht ausgezogen hat, hinter klingenden Phrafen feine
Geringfchätzung Ihrer Geiftesarbeit verfteckt und der religiöfen Frei-
heit fchwerere Wunden gefchlagen hat als der Hafs der leidenfchaft-
lichften Gegner.

Und dennoch hat die Sache, für die Sie ftreiten, noch eine Zukunft. Die proteftantifche Wiffenfchaft, deren Pflege in Ihren Händen liegt, ift der treuefte Ausdruck des deutfchen Geiftes, der allein das auseinanderftrebende Reich zufammenzuhalten und neu zu beleben vermag. Wie unfcheinbar auch Ihre äufsere Stellung fei, Sie haben in fchwerer Zeit eine grofse Aufgabe zu erfüllen. Möge Gott dazu feinen Segen geben und Ihnen Allen auch unter ungünftigen äufseren Verhältniffen jene Freudigkeit und Frifche des Geiftes bewahren, ohne welche in der Wiffenfchaft fo wenig wie im praktifchen Leben etwas Tüchtiges gelingt.

Mir aber, Ihrem alten Collegen, wollen Sie freundlichft geftatten, Ihrer Facultät zum Beginne der zweiten Hälfte ihres erften Jahrhunderts ein kleines Bruchftück von Arbeiten, die mich fchon lange befchäftigen, als befcheidene Feftgabe entgegenzubringen. Ich biete fie Ihnen als ein Erinnerungszeichen unferer gemeinfamen Thätigkeit und zugleich als Ausdruck unzerreifsbarer Geiftesgemeinfchaft. Nehmen Sie die Gabe fo freundlich hin, wie fie geboten wird, und gedenken Sie dabei Ihres ehemaligen Mitarbeiters und Kampfgenoffen, der, wenn auch jetzt durch weite Fernen von Ihnen getrennt, doch nach dem fchönen Wien fich oft und gern im Geifte zurückverfetzt und Ihre Feftfeier mit den wärmften Segenswünfchen für Ihre Facultät, die Pflanzftätte deutfch-proteftantifcher Wiffenfchaft in Oefterreich, und perfönlich für jeden Einzelnen unter Ihnen begleitet.

Gott fei mit Ihnen!

In alter Treue der Ihrige

R. A. Lipfius.

Kiel, im April 1871.

Unter dem Namen Acta oder Gesta Pilati besitzen wir eine apokryphische Schrift, welche auf Grund unsrer vier kanonischen Evangelien das Verhör Jesu vor Pilatus, seine Verurtheilung, Kreuzigung und Auferstehung erzählt. Die evangelische Geschichte ist darin durch eine Reihe von apokryphischen Zusätzen erweitert, welche theils die jüdischen Anklagen gegen Jesus entkräften, theils die Wahrheit seiner Auferstehung beglaubigen sollen. Die Schrift ist uns in einer doppelten griechischen Recension, sowie in koptischer und lateinischer Ueberfetzung erhalten. Sie pflegte früher als Evangelium des Nikodemus bezeichnet zu werden, weil im Eingange (übrigens in dritter Person, wie überall wo seiner Erwähnung geschieht) Nikodemus als Verfasser genannt ist: doch führt sie in den Handschriften nirgends diesen Titel. Die Ueberschrift der griechischen Handschriften lautet vielmehr ὑπομνήματα τοῦ κυρίου ἡμῶν Ἰησοῦ Χριστοῦ, meist mit dem Zusatze πραχθέντα oder τῶν πραχθέντων ἐπὶ Ποντίου Πιλάτου, ein einziger Codex nennt dabei ausdrücklich den Nikodemus, ein anderer den heiligen Johannes den Theologen als Verfasser. Die jüngere Recension ist überschrieben διήγησις περὶ τοῦ πάθους τοῦ κυρίου ἡμῶν Ἰησοῦ Χριστοῦ καὶ τῆς ἁγίας αὐτοῦ ἀναστάσεως, die koptische Ueberfetzung commentarii salvatoris conscripti sub Pontio Pilato praeside, die lateinischen Handschriften meist gesta Salvatoris mit längeren oder kürzeren Zusätzen; einige der letzteren führen statt dessen den irrthümlichen Titel evangelium Nazaraeorum. Der Name gesta Pilati begegnet uns schon bei Gregor von Tours (hist. Franc. 1, 21. 24); die später üblich gewordene Bezeichnung evangelium Nicodemi scheint erst aus der Zeit Karls des Grofsen zu stammen. Der im Mittelalter sehr verbreitete lateinische Text ist schon zu Anfang des 16. Jahrhunderts mehrfach gedruckt (vrgl. Thilo proll. ad. cod. apocr. T. I, p. CXXXII seqq.),

und darnach von Herold in den Orthodoxographi und in den Apo-
kryphenſammlungen von Fabricius, Jones, Schmidt, Birch und
Thilo wiederholt, zuletzt von Tiſchendorf (evangel. apocr. p. 312
bis 410) nach einigen neuverglichenen Handſchriften edirt worden.
Den griechiſchen gab zuerſt Birch (auctarium cod. apocr. N. T.
Fabriciani, Havniae 1804) darnach mit der lateiniſchen Ueberſetzung
und einem ausführlichen Commentar Thilo (cod. apocr. T. I. p.
487—795), zuletzt auf Grund eines bereicherten handſchriftlichen
Apparates Tiſchendorf (evangelia apocrypha p. 203—311 heraus.
Von dem koptiſchen Texte hat Tiſchendorf (a. a. O.) zwei gröſsere
Bruchſtücke in lateiniſcher Ueberſetzung mitgetheilt.

Der Inhalt der Acten iſt in Kürze dieſer. Die Hohen-
prieſter und Schriftgelehrten verklagen Jeſum vor Pilatus, weil er ſich
einen Sohn Gottes und König nenne, den Sabbat durch ſeine Heilungen entweihe und das väterliche Geſetz auflöſen wolle. Auf ihr
Verlangen wird Jeſus vor den Landpfleger geführt. Der Courier,
welcher ihn holt, erweiſt ihm ſeine Ehrerbietung, die Kaiſerbilder auf
den Standarten neigen ſich vor ihm bei ſeinem Eintritt, worüber die
Juden ergrimmen und der Landpfleger in Staunen geräth (Kap. 1).
Procula, das Weib des Pilatus, mahnt ihren Gatten mit Berufung auf
ein Traumgeſicht von der gerichtlichen Verhandlung ab, zu welcher
dieſer indeſſen dennoch auf Andringen der Juden ſchreitet. Als dieſe
die Anklage erheben, daſs Jeſus unehelich geboren ſei, treten zwölf
fromme Männer aus dem Volke als Entlaſtungszeugen auf und ver-
ſichern, daſs Maria rechtmäſſig dem Joſeph verlobt worden ſei (Kap. 2).
Pilatus findet keine Schuld an Jeſu, befragt ihn, ob er der König der
Juden ſei, und erhält darauf die Antwort, ſein Reich ſei nicht von
dieſer Welt (Kap. 3 vrgl. Joh. 18, 33—38). Wiederholt betheuert er
keine Schuld an ihm zu finden, worauf die Juden erſt den Spruch
vom Abbrechen des Tempels als Anklage gegen ihn vorbringen,
darnach ihn der Gottesläſterung bezichtigen, und ſeine Beſtrafung
nach dem Geſetze verlangen (Kap. 4). Nun tritt Nikodemus für den
Angeklagten auf und erzählt, wie er ihn ſchon im Hohenrathe ver-
theidigt und den Rath Gamaliels ertheilt habe (Kap. 5). Dann folgen
als weitere Entlaſtungszeugen ein Gichtbrüchiger, der 38 Jahre lang
krank gelegen, ein Blindgeborener, ein Krüppel, ein Ausſätziger
(Kap. 6), das blutflüſſige Weib, welches hier Bernike genannt wird,
(Kap. 7) und viele Andere, die ihn für einen Propheten erklären,
ſeine Herrſchaft über die Dämonen und die Auferweckung des Lazarus
bezeugen (Kap. 8). Pilatus will nach ſeiner Feſtſitte Jeſum freigeben,

und hält den Juden. als fie dafür die Freilaffung des Barabbas verlangen, eine Strafrede für ihre Halsftarrigkeit gegenüber den ihnen
erwiefenen Wohlthaten. Da ftellen die Juden Jefum als Aufrührer
wider den Kaifer dar. und erzählen, wie ihm fchon die Magier als
einem Könige gehuldigt. Herodes aber aus demfelben Grunde ver-
geblich nach dem Leben getrachtet habe. Jetzt wird Pilatus ängftlich,
wäfcht feine Hände in Unfchuld und fpricht das Todesurtheil über
Jefus (Kap. 9). Es folgt die Erzählung von der Kreuzigung Jefu,
feinem Gefpräch mit den beiden zugleich gekreuzigten Schächern, die
hier Dismas und Geftas heiffen, feinen letzten Worten, feinem Verfcheiden,
dem Zeugniffe des römifchen Hauptmanns, endlich dem Begräbniffe
des Leichnams durch Jofeph von Arimathia (Kap. 10 und 11). Die
folgenden Kapitel verfolgen nun den Zweck. die Wahrheit der Auferftehung Jefu durch den Bericht von Augenzeugen zu beglaubigen,
die von den jüdifchen Hohenprieftern und dem Synedrium felbft ge-
richtlich vernommen werden. Zuerft wird Jofeph von Arimathia von
den Juden gefangen gefetzt aber wunderbar befreit (Kap. 12). Dann
erfcheinen die Grabeswächter vor dem Hohenrath und erftatten
Bericht von dem geöffneten Grab und der den weinenden Frauen
gewordenen Engelerfcheinung (Kap. 13). Hierauf treten ein Priefter.
ein Schriftgelehrter und ein Levit als Zeugen der Himmelfahrt auf
(Kap. 14). Auf den Rath des Nikodemus ftellt das Synedrium Nach-
forfchungen nach dem Auferftandenen im ganzen jüdifchen Lande an,
findet aber nur den Jofeph, welcher eingeladen wird nach Jerufalem
zu kommen und dort der jüdifchen Obrigkeit erzählt. wie Jefus felbft
ihm im Gefängnifs erfchienen fei und ihn befreit habe (Kap. 15). Als
darauf ein andrer der Sanhedriften. Namens Levi, der Sohn des
frommen Simeon, die Gefchichte von der Darftellung Chrifti im Tempel
(Luc. 2, 25 ff.), und der alte Simeon felbft die Wahrheit diefer Aus-
fage beftätigt, werden die drei Augenzeugen der Himmelfahrt Jefu
noch einmal aus Galiläa herbeigeholt und jeder einzeln verhört.
Hieran reiht fich eine förmliche Difcuffion der Rabbinen über Jefu
Perfon und ein gemeinfamer Lobgefang, mit welchem die Acten in
den Handfchriften der älteren griechifchen Recenfion fchliefsen. (Kap. 16).

Die Acten haben fämmtliche vier kanonifche Evangelien, mit
Einfchlufs der kritifch verdächtigen letzten Verfe des Marcus benutzt,
und den Text derfelben zu einem einheitlichen Ganzen verwoben.
Auch aus der Apoftelgefchichte ift Einzelnes (vrgl. Kap. 5) entlehnt.
Die Natur des Gegenftandes brachte es mit fich. dafs die Phantafie
des Verfaffers von Kap. 11 an, wo er die Auferftehung Jefu durch

4

ein förmliches Zeugenverhör feftftellen läfst, freieres Spiel hatte, als in den vorhergehenden Abfchnitten. Doch ift auch hier foviel als möglich der Stoff, welchen unfre neuteftamentlichen Evangelien boten, verarbeitet; und umgekehrt fehlt es auch in den erften Kapiteln nicht an apokryphifchen Zufätzen.

Ueber den Werth des Buches theils für die Leidensgefchichte Jefu felbft, theils für die Kritik unfrer Evangelien ift neuerdings viel geftritten worden, befonders feit Tifchendorf daffelbe fchon der erften Hälfte des zweiten Jahrhunderts zugewiefen hat.

Um die Entftehung deffelben zu ermitteln, müffen wir zuerft die verfchiedenen Bearbeitungen, welche der Text im Laufe der Zeit erfahren hat, fchärfer ins Auge faffen.

Die ältere Recenfion der Pilatusacten (A bei Tifchendorf) hat zwei verfchiedene Eingänge, von denen der eine den Aeneas, einen Zeitgenoffen der Kaifer Theodofius II. und Valentinian III., als Ueber- fetzer der Schrift aus dem Hebräifchen nennt, der andere in der herkömmlichen Form offizieller Procefsacten mit der Zeitbeftimmung des Gefchehenen beginnt, und den Nikodemus als Verfaffer des angeblichen hebräifchen Originals bezeichnet. Die jüngere (B bei Tifchendorf) hat dagegen nur Einen Eingang, in welchem Aeneas zu einem Zeitgenoffen Jefu gemacht wird. Derfelbe habe von dem »römifchen Toparchen« Nikodemus den Auftrag erhalten, das zur Zeit des Hannas und Kaiphas mit Chriftus Gefchehene niederzu- fchreiben, Nikodemus felbft aber habe die hebräifche Schrift des Aeneas ins Lateinifche übertragen. Augenfcheinlich ift die zweite Recenfion nur eine fpätere Bearbeitung der erften, die fich zu diefer wie eine fehr freie Paraphrafe verhält. Ihre Entftehung kann frühe- ftens in die zweite Hälfte des 5. Jahrhunderts fallen, wie fchon die Bezeichnung Θεοτόκος für Maria verräth. Der Hauptunterfchied beider Recenfionen aber befteht darin, dafs die zweite der älteren, nach der herkömmlichen Eintheilung 16 Kapitel umfaffenden, Erzählung einen längeren Abfchnitt hinzufügt, in welchem die zwei von den Todten aufgeftandenen Söhne des Simeon die Höllenfahrt Chrifti, die Befiegung des Teufels, die Befreiung der von dem Teufel in der Unterwelt gefangen gehaltenen Seelen und ihre Verfetzung ins Para- dies aus eigner Anfchauung erzählen (Kap. 17—27). Diefer zweite Theil der Pilatusacten, den Tifchendorf unter dem Titel Defcenfus Chrifti ad inferos getrennt herausgegeben hat, gehört jedenfalls nicht zu der urfprünglichen Schrift, bildet aber mit diefer fchon in der jüngeren Recenfion ein unzertrennliches Ganze. Auch der venetianifche Codex (cod. C bei Tifchend.), der fchon mit Kap. 12 fchliefst, hat am Schlufs eine kurze Notiz, welche auf den Inhalt des zweiten Theiles Bezug nimmt (vrgl. Thilo a. a. O. p. 606. Tifchendorf a. a. O. p. 294). Eine Reihe von fprachlichen Eigenthümlichkeiten, welche Tifchendorf für die Verfchiedenheit des Verfaffers beider Schriften geltend gemacht hat (a. a. O. prolegg. p. LVI), ift dem Anhange grade mit der jüngeren Recenfion gemein und beweift, dafs der fpätere Redactor. welcher den Text der älteren Recenfion einer durchgreifenden Umgeftaltung unterzog, den Anhang entweder fchon vorgefunden und ebenfalls umgearbeitet oder felbftändig hinzugefügt hat. Tifchendorf bemerkt, dafs die Stelle Luc. 23, 42, welche in den actis Pilati c. 10 genau nach Lukas angeführt wird μνήσθητί μου κύριε ὅταν ἔλθης ἐν τῇ βασιλείᾳ σου Descens. 10, (26) vielmehr mit den Worten κύριε ὅτε βασιλεύσεις μή μου ἐπιλάθοι wiedergegeben wird. Aber auch die Recenfion B citirt acta Pilati c. 10 κύριε ὅταν βασιλεύσῃς, μή μου ἐπιλάθοι. Die zweite von Tifchendorf angeführte Stelle Marc. 16, 16 lautet in der Recenfion A c. 14, 1 wieder genau wie bei Marcus ὁ πιστεύσας καὶ βαπτισθεὶς σωθήσεται, ὁ δὲ ἀπιστήσας καταχριθήσεται dagegen Desc. 2, 2. ὅστις πιστεύσῃ πρὸς αὐτὸν σωθήσεται, ὅστις δὲ οὐ πιστεύσει εἰς αὐτὸν καταχριθήσεται. Indeffen ift die Weglaffung des καὶ βαπτισθῇ hier wohl nur zufällig, und im Uebrigen ftimmt wieder der Text der Recenfion B mit dem des Descenfus überein gr. B 14, 1: ὅστις πιστεύσει καὶ βαπτισθῇ σωθήσεται, ὅστις δὲ οὐ πιστεύσει καταχριθήσεται. Die Identität des Verfaffers der Recenfion B mit dem Verfaffer oder Bearbeiter des Anhangs geht alfo grade aus diefen Stellen hervor.

Auch fonft theilt der griechifche Text des zweiten Theils durchaus die ftiliftifchen Eigenthümlichkeiten der jüngeren Recenfion. Es fragt fich daher nur, ob er erft in diefer hinzugefügt ift oder einer relativ älteren Bearbeitung der Grundfchrift angehört. Die in einem angeblich aus dem 5. Jahrhundert ftammenden Papyrus-Palimpfeft erhaltene koptifche Ueberfetzung, welche mit der Recenfion A aus einer Quelle gefloffen ift, kennt ihn noch nicht, obwol diefelbe bereits die beiden Einleitungen enthält. von denen die erfte, wie fich weiter zeigen wird, jedenfalls nicht in der Grundfchrift ftand. Dagegen findet fich der zweite Theil in allen Handfchriften der lateinifchen Ueberfetzung (vielleicht mit Ausnahme des noch nicht verglichenen Wiener Palimpfestes aus dem 5. oder 6. Jahrhundert, deffen Tifchendorf gedenkt a. a. O. S. LV. LXXIV), und zwar in zwei verfchiedenen Geftalten, welche Tifchendorf hintereinander abgedruckt hat (Descenfus Chrifti ad inf. latine A p. 368—395; latine B p. 396—412).

Die beiden lateinifchen Texte des zweiten Theils find unabhängig von einander aus dem Griechifchen überfetzt; keiner von beiden aber kann direct aus dem jetzt vorliegenden, vom Verfaffer der jüngeren Recenfion (B) herrührenden griechifchen Texte des Anhangs gefloffen fein. Der (zuerft von Tifchendorf veröffentlichte) lateinifche Text B findet fich in denfelben Handfchriften, nach welchen Tifchendorf den erften Theil der lateinifchen Acten conftituirt hat (p. 312—367): die von denfelben überlieferte Textgeftalt entfpricht im erften Theile genau der älteren, griechifchen Recenfion. Nur der Schlufs (Kap. 16, 4 von den Worten γινώσκοντες γνώσεσθε an) ift weggelaffen und durch eine weit kürzere Schlufsformel erfetzt. Dagegen enthalten die Handfchriften, aus welchen die in den älteren Drucken allein wiedergegebene lateinifche Recenfion des Anhanges gefloffen ift, fchon in den nächft vorhergehenden Kapiteln des erften Theiles der Acten einen von der älteren griechifchen Recenfion wefentlich abweichenden Text. Während diefelben bis gegen Ende von Kap. 10 des erften Theils offenbar diefelbe Ueberfetzung wiedergeben wie die Handfchriften des Textes B, nur hie und da (Kap. 6—8; Kap. 11 zu Anfang) mit einigen Zufätzen aus unfern kanonifchen Evangelien erweitert, zeigen fie am Schluffe von Kap. 11 an, wo übereinftimmend mit der jüngern griechifchen Recenfion der Antheil des Nikodemus an der Beftattung des Leichnams Jefu erwähnt wird, eine wefentlich abweichende Texgeftalt. Jedenfalls liegt etwa von der Mitte des 12. Kapitels an eine felbftändige Ueberfetzung aus dem Griechifchen zu Grunde, deren Original von der älteren griechifchen Recenfion (Gr. A) nicht unerheblich abwich und etwa in der Mitte zwifchen diefer und der jüngern griechifchen Recenfion geftanden haben mufs. Im zweiten Theile (Kap. 17—27) ift nun das Verhältnifs der Texte das gleiche. Obwol wir hier nicht wie zum erften Theile den griechifchen Text der älteren Recenfion vergleichen können, fo bildet doch der lateinifche Text B in allen feinen Theilen ein einheitliches Ganzes, welches auf ein beide Theile der Acten umfaffendes griechifches Original zurückweift. Gewiffe Eigenthümlichkeiten, welche Lat. B mit Gr. A abweichend von Gr. B und Lat. A gemein hat, finden auch im zweiten Theile fich wieder (z. B. 17, 6 der Name des Berges Malech, vrgl. 14, 1. 15, 1. 16, 2., während Gr. B und Lat. A überall dafür den Oelberg nennen). Die Darftellung weicht fehr erheblich von dem griechifchen Texte des Anhangs ab, nàmentlich am Anfange (Kap. 17) und am Schlufs (Kap. 27). In den mittlern Kapiteln (Kap. 18—26) bietet die lateinifche Ueberfetzung B einen

ftark verkürzten Text, welcher die Vergleichung erfchwert; doch
finden fich auch hier manche Abweichungen in der Erzählung, namentlich erfcheinen die beiden Texten gemeinfamen Stücke grofsentheils
in ganz anderer Ordnung. Dagegen befolgt der lateinifche Text A
nicht nur genau diefelbe Ordnung der Erzählung wie der Grieche,
fondern fteht demfelben auch in der Derftellung und im Wortgefüge
bedeutend näher, wenn er gleich vielfach ausführlicher als diefer ift
und manches Eigene bietet. Ein Theil diefer ihm eigenthümlichen
Stücke mag fpätere Zuthat fein, wie namentlich die beiden in den
andern Texten fehlenden Kapitel am Schlufs (Kap. 28, 29), von
welchen das letzte den aus den actis Petri et Pauli bekannten Brief
des Pilatus an Claudius mittheilt; anderwärts dagegen fcheint der
Grieche ebenfo wie öfters im erften Theile der Acten einen aus-
führlicheren Text zu excerpiren. Auch Eufebios von Alexandrien,
ein Schriftfteller des 5. oder 6. Jahrhunderts, deffen Fefthomilien den
zweiten Theil unfrer Pilatusacten ftark benutzen und paraphrafiren,
hatte einen Text vor fich, der dem lateinifchen Text A bedeutend
näher ftand als dem unferer griechifchen Handfchriften. Drei diefer
Homilien find unter dem Namen des Eufebios von Emefa von
Augufti (Eufebii Emefeni quae fuperfunt opuscula graeca Elberfeld
1829) herausgegeben und von Thilo im Commentar zum Evangelium
des Nikodemus verwerthet; eine vierte hat Thilo fpäter wieder
aufgefunden und veröffentlicht (Ueber die Schriften des Eufebius von
Alexandrien und des Eufebius von Emefa Halle 1832); der Text
derfelben bietet ganz die nämlichen fchon von Thilo im Codex
Apocryphus (p. 707 u. ö.) an den fchon früher bekannten Homilien
bemerkten Erfcheinungen dar.

Diefes Verhältnifs der verfchiedenen Texte zu einander fchliefst
die Annahme aus, dafs der Anhang (Kap. 17—27) erft von dem
Verfaffer der jüngeren griechifchen Recenfion felbftändig hinzugefügt
fei. Vielmehr wurde derfelbe von dem Bearbeiter fchon vorgefunden und in feine Redaction des Textes mit einbezogen. Dafs
wir keine griechifche Handfchrift der älteren Recenfion, welche
den Anhang enthält, mehr befitzen, beweift nicht, dafs derfelbe
diefer Recenfion überhaupt fremd war (denn das von Lat. B vor-
ausgefetzte griechifche Original gehörte ihr zuverläffig an), fondern
nur, dafs er nicht zu dem urfprünglichen Buche gehört hat, und
daher nur in einem Theile der Handfchriften Aufnahme fand. Ganz
ähnlich verhält es fich aber auch mit dem vorangefchickten Prologe
ἐγὼ Ἀνανίας προτίκτωρ ἀπὸ ἐπάρχων κτλ. Derfelbe findet fich ebenfalls

nur bei einigen wenigen Zeugen der älteren Recenſion, nämlich in einer einzigen griechiſchen Handſchrift (Codex C bei Tiſchendorf, A bei Thilo), in der koptiſchen Ueberſetzung und in einigen lateiniſchen Handſchriften (vrgl. Tiſchendorf S. LVII flg. 312 ff.). Wir werden daher annehmen dürfen, daſs der Verfaſſer des Prologs zugleich den zweiten Theil dem älteren Werke hinzugefügt hat, ohne daſs es ihm indeſſen gelungen wäre, den urſprünglichen Text völlig zu verdrängen. Was Tiſchendorf (a. a. O. p. LXI sq.) hiergegen einwendet, reicht nicht aus um eine Vermuthung zu widerlegen, zu deren Begründung ſo Vieles zuſammentrifft. Die angebliche Ueber-ſetzung aus dem Hebräiſchen, deren der Prolog gedenkt, erwieſe ſich hiernach wie in ähnlichen Fällen als eine Fiction, durch welche der Bearbeiter ſeinem gegenüber der Grundſchrift beträchtlich erweiterten Werke den Schein eines hohen Alterthums geben wollte.

Wie tief dieſe Bearbeitung im Uebrigen in das vorgefundene Text-gefüge eingegriffen habe, läſſt ſich nur vermuthungsweiſe beſtimmen. Aus der Beſchaffenheit des lateiniſchen Textes A könnte man vielleicht ſchlieſsen, daſs die älteſte Schrift ſich nur bis Kapitel 11 erſtreckt habe, bis zu welchem der Text in den lateiniſchen Handſchriften weſentlich übereinſtimmend überliefert war. Bis eben dahin ſchmiegt die Erzählung der Acten ſich möglichſt an die Ueberlieferung unſrer kanoniſchen Evangelien an, während mit Kap. 12 ein neuer Abſchnitt beginnt. Derſelbe verfolgt weſentlich denſelben Zweck, dem auch der Anhang dient, die Wahrheit der Auferſtehung Jeſu zu beglaubigen. Die ſchriftlichen Mittheilungen des Leucius und Charinus ſchildern allerdings zugleich die Höllenfahrt Chriſti, die Feſſelung Satans und die Befreiung der gefangenen Seelen, und zwar mit einer Ausführlichkeit, welche dem nächſten Zwecke einer Beglaubigung der Auferſtehung Jeſu durch zwei aus der Unterwelt zurückgekehrte Todte fernzuliegen ſcheint. Dieſe Inconſequenz würde ſich aber durch die Annahme erklären, daſs der Bearbeiter, welcher den Anhang hinzufügte, für denſelben eine ältere Schrift benutzte, die urſprünglich mit den Pilatusacten gar nichts zu thun hatte. Hierfür ſpricht ſchon die Einkleidung unſrer Erzählung, daſs eine Schrift des Leucius und Karinus verleſen wird. Ferner ſprechen hierfür eine Reihe von Spuren, die grade in dieſem Abſchnitte auf gnoſtiſchen Urſprung zu deuten ſcheinen, wäh-rend der ganze erſte Theil offenbar niemals von der Hand eines Gnoſtikers berührt worden ſein kann. Endlich kommt hinzu, daſs wenigſtens in der neuerdings ans Licht gezogenen lateiniſchen Re-cenſion B der Zuſammenhang dieſes Theils mit dem unmittelbar Vorhergehenden enger ift. als in den bisher bekannt gewefenen Texten. Die drei Männer, welche Zeugen der Himmelfahrt Jefu gewefen find, Addas, Phineas und Egias (Aggäus), berichten hier, dafs fie einer grofsen Menge Auferftandener begegnet feien, unter denen fich auch zwei ihrer Freunde, Leucius und Karinus, befunden hätten. Auf Befragen hätten diefelben bezeugt, dafs Chriftus, als er die Pforten des Todes überwältigte, auch fie von den Todten erweckt und ihnen den Befehl ertheilt habe, eine beftimmte Zeit an den Ufern des Jordan zu wandeln; doch dürften fie nur, wenn es der heilige Geift ihnen erlaube, Andern fichtbar werden und mit ihnen reden. Kaiphas und Hannas erklären fich darauf bereit dem Zeugniffe diefer Aufer-ftandenen zu glauben, wenn fie diefelben mit eigenen Augen fehen würden. Funfzehn Männer, welche Augenzeugen des Begräbniffes der Beiden waren, werden abgefchickt, und bezeugen, ihre Gräber feien geöffnet und leer. Nun gehen Addas, Phineas, Aggäus, Niko-demus und Jofeph als neue Gefandfchaft an fie ab. Nach langem vergeblichem Suchen in der Jordanau und im Gebirge finden fie auf dem Berge der Himmelfahrt zwölftaufend pfalmenfingende Aufer-ftandene, die ihnen den Befcheid geben, Leucius und Karinus feien in ihre Häufer zurückgekehrt. Man trifft fie dort im Gebet verfunken, führt fie in die Synagoge, befchwört fie (per deum Heloi et per deum Adonai et per legem et prophetas), den Hergang ihrer Auferftehung wahrheitsgetreu zu berichten. Darauf verlangen fie durch Zeichen — denn das Reden ift ihnen vom heiligen Geifte verwehrt — Pergament und Tinte, jeder fchreibt in einer eigenen Zelle feine Erlebniffe nieder, als fie fertig find, rufen beide wie aus einem Munde Amen. Karinus giebt fein Pergament an Hannas, Leucius an Kaiphas, fie grüssen, gehen hinaus und kehren wieder in ihre Gräber zurück. Annas und Kaiphas beginnen heimlich zu lefen, das Volk aber verlangt unwillig die öffentliche Vorlefung, mit welcher Addas, Phineas und Aggäus betraut werden (Kap. 17). Nun wird zuerft die Schrift des Karinus (18—26) verlefen. Als die Juden fie vernommen, fallen alle auf ihr Angeficht und brechen in lautes Wehklagen darüber aus, dafs fie un-fchuldiges Blut vergoffen. Nach dreitägigem Faften fchreitet man zur Verlefung der zweiten Schrift, der des Leucius. Diefelbe ftimmt buchftäblich mit der anderen überein. Die Verfammlung geräth in Beftürzung, vierzig Tage und vierzig Nächte trauert fie in Erwartung des göttlichen Strafgerichts; dennoch aber bekehren die Juden fich nicht (Kap. 27).

Wenn diefe Erzählung urfprünglich nicht von demfelben Ver-

faffer herrührt. wie die nächflvorhergehenden fünf Kapitel, so hat
der Ergänzer fich wenigftens fehr eng an den Plan feiner Vor-
lage angefchloffen. Die beiden anderen Texte weichen von diefer
Darflellung in Einzelheiten ab. im Ganzen geben hier (Kap. 17 und
27) beide nur einen Auszug. Am dürftigflen ift der griechifche Text.
der lateinifche Text A fteht etwa in der Mitte. Bemerkenswerth ift. dafs
der griechifche Text die beiden Zeugen der Höllenfahrt Chrifti als
Söhne jenes Simeon bezeichnet. welcher einft das Kind Jefus in feine
Arme nahm; die Namen der beiden Simeonföhne erwähnt er nicht.
Der lateinifche Text B nennt die Beiden dagegen Leucius und
Karinus, und weifs nichts davon, dafs diefelben Söhne des Simeon
feien: dafür tritt im Vorhergehenden (Kap. 16) hier ebenfo wie in der
älteren griechifchen Recenfion ein Rabbi Levi als Zeuge auf. welcher
als Sohn des Simeon bezeichnet wird, und diefer felbft mufs nach derfelben Darflellung das Zeugnifs fenies Sohnes bekräftigen, ift alfo noch
am Leben. während die jüngere griechifche Recenfion ihn mit feinen
beiden Söhnen von den Todten auferftehen läfst und die Erzählung
von jenem Levi mit Stillfchweigen übergeht. Der lateinifche Text A
endlich combinirt beide Berichte: Die beiden Zeugen der Höllenfahrt
heifsen hier wie bei B Leucius und Karinus, und werden zugleich
wie im Griechifchen als Söhne des Simeon bezeichnet. Die Erzählung
von dem Zeugniffe des Levi und des Simeon findet fich auch hier. die
Angabe des Griechen dagegen, dafs Simeon felbft mit feinen Söhnen
von den Todten auferftanden fei, ift folgerichtig geftrichen.

Diefes Textverhältnifs ift um fo merkwürdiger. da die Erzählung
von Chrifti Höllenfahrt felbft (Kap. 18—26). wie fchon bemerkt wurde,
in der lateinifchen Recenfion A in relativ urfprünglicherer Geftalt vor-
liegt, als in der lateinifchen Recenfion B; dagegen läfst fich allerdings die
Vermuthung, dafs die Ergänzung der Grundfchrift ftatt mit Kap. 17 fchon
im 12. Kap. begonnen habe, durch die Handfchriften der älteren griechifchen Recenfion, welche, foweit fie vollftändig erhalten find. fämmtlich
mit Kap. 16 fchliefsen, nicht begründen. Indeffen verdient es Beachtung,
dafs einige Codices der jüngeren griechifchen Recenfion vor den Worten
τῆς κυριακῆς οὖν διαφωσκοίσης (Kap. 12) einen Einfchnitt machen. Cod. B
(Paris. D bei Thilo) hat hier die Unterfchrift: τέλος τῶν ἁγίων παθῶν καὶ
ἀρχὴ τῆς ἀναστάσεως αὐτοῦ τοῦ κυρίου ἡμῶν Ἰησοῦ Χριστοῦ. Codex C (Thilo's.
cod. Venet.) läfst die ganze zweite Hälfte des Buchs von τῆς κυριακῆς οὖν
διαφωσκοίσης an weg, während dieselbe umgekehrt in anderen Handfchriften als felbftändige Schrift unter eigenem Titel erfcheint (Thilo,
a. a. O. prolegg.. p. CXXXI).

Hiernach haben wir in unferen gegenwärtigen Pilatusacten folgende Beftandtheile zu fcheiden:

1. Die Grundfchrift, welche mit den Worten *ἐν ἔτει πεντεκαιδεκάτῳ* begann. Sie umfafste jedenfalls die 11 erften Kapitel; ob fie fich bereits bis zu Ende von Kap. 16 erftreckte, läfst fich nicht mehr mit Sicherheit ausmachen. Sie gab fich für ein urfprünglich in hebräifcher Sprache abgefafftes Werk des Nikodemus aus.

2. Eine unter dem Namen des »Leucius und Charinus« verbreitete Schrift über die Höllenfahrt Chrifti und die Befreiung der in Satans Gewalt gehaltenen Seelen.

3. Die Bearbeitung des Ananias oder Aeneas unter den Kaifern Theodofius und Valentinian, welche jedenfalls den erften Prolog *(ἐγὼ Ἀνανίας κτλ.)* und die Kapitel 17 — 27, unter Einverleibung der vorher erwähnten Schrift, vielleicht aber auch Kap. 12 — 16 hinzufügte.

Hierzu kommt 4. die zweite Bearbeitung, früheftens aus der zweiten Hälfte des fünften Jahrhunderts, welche ohne wefentlich Neues zu bieten, das Buch des Ananias vielfach umgeftaltete und fich für eine auf Befehl des »römifchen Toparchen« Nikodemus von einem Juden Aeneas verfafste, von Nikodemus ins Lateinifche überfetzte Schrift ausgab, und 5. der in einem Theile unferer lateinifchen Handfchriften von Kap. 12 — 29 vorliegende Text, welcher zwifchen dem dritten und vierten etwa die Mitte hält und am Ende zwei weitere Kapitel hinzufügt.

Die weitere kritifche Unterfuchung hat es nur noch mit den drei erftgenannten Schriften zu thun.

Die Bearbeitung des Ananias giebt ihre Zeitbeftimmung felbft in dem mehrerwähnten Prolog. Ananias fagt dort, dafs er die von den Juden zur Zeit des Pontius Pilatus verfafsten Procefsacten Jefu *(τὰ ὑπομνήματα τὰ κατὰ τὸν καιρὸν πραχθέντα ἐπὶ τοῦ δεσπότου ἡμῶν Ἰησοῦ Χριστοῦ ἃ κατέθεντο οἱ Ἰουδαῖοι ἐπὶ Ποντίου Πιλάτου)* in hebräifcher Schrift gefunden und ins Griechifche übertragen habe *ἐπὶ τῆς βασιλείας τοῦ δεσπότου ἡμῶν Φλαβίου Θεοδοσίου, ἔτους ἑπτακαιδεκάτου καὶ Φλαβίου Οὐαλεντινιανοῦ τοῦ ἔκτου* (cod. *τοῦ ἔκτου) ἐν ἰνδικτιῶνι θʹ*. Die koptifche Ueberfetzung beftätigt das fiebenzehnte Jahr des Theodofius, nennt aber das fünfte Valentinians. Die lateinifchen Handfchriften geben das achtzehnte Jahr des Theodofius an und haben ftatt *Οὐαλεντινιανοῦ τοῦ ἔκτου* einfach Valentiniano Augufto ohne Zahl. Es fragt fich nun, ob diefe Angabe fich auf Theodofius II. und Valentinian III., wie Tischendorf (a. a. O. prolegg. p. LXVI. sq.) annimmt, oder auf Theodofius I. (und Valentinian II.) wie Scholten will (Die älteften Zeugniffe betref-

fend die Schriften des N. T.. deutfch von Manchot, S. 175.) be-
ziehe. Gutfchmid. welchen ich über diefe Frage zu Rathe zog,
theilt mir Folgendes mit:

»Zu der Zeit, wo ein Theodofius und ein Valentinian neben-
einander regiert haben, trifft die neunte Indiction dreimal ein: 1) 1. September 380 bis dahin 381, 2) 1. September 425 — 426, 3) 1. September 440 — 441. Man mufs von der Indiction ausgehen, weil im
gewöhnlichen Leben nach diefer gerechnet worden ift, was von den
Kaiferjahren nicht gilt. Diefe find erft durch Rechnung gefunden und
bei ihnen konnte leichter ein Verfehen mit unterlaufen. Ein 17. oder
18. Jahr Theodofius I. giebt es nicht, da derfelbe noch vor Ablauf
von 16 Jahren geftorben ift. Nun fällt allerdings ein Theil des 5.
fowie des 6. Regierungsjahrs Valentinians II. mit der 9. Indiction zufammen, und es wäre denkbar, dafs man fich bei Berechnung der
Jahre des Theodofius um einen vollen Indictionencyklus verfehen, das
17. oder 18. ftatt das 2. oder 3. Jahr genannt hätte. Aber dies ift
unmöglich. Im Jahre 380 — 381 war Valentinian II. nur Mitregent
des Gratianus, der als an Rang der Erfte der drei Augufti nothwendig
hätte genannt werden müffen. Von den Confulatsjahren der beiden
betreffenden Kaifer kann keine Rede fein, da diefe nur drei, bezie-
hungsweife vier Mal das Confulat bekleidet haben. — Theodofius II.
ift im Jahre 439 zum 17. Mal. Valentinian III. im Jahre 440 zum 5.
Mal Conful gewefen, und diefe Charakterismen ändern fich erft nach
Ablauf des Jahres 443. In diefe Zeit fällt nun allerdings eine neunte
Indiction, und in der That werden auf den Münzen die Kaifer auch
in den Jahren nach dem Jahre, in welchem fie Eponymen gewefen,
noch mit der Nummer des betreffenden Confulats bezeichnet, allein
nur in Verbindung mit den Imperatorjahren. Dafs man im gewöhnlichen Leben diefe Art der Bezeichnung der Confulate zur Zeitbeftimmung
ftatt der Regierungsjahre gebraucht haben follte. ift unerhört. Somit
ift auch das Jahr 440 — 441 ausgefchloffen. — Das 17. Regierungsjahr des Theodofius II. lief vor Beginn der 9. Indiction ab, dagegen
fällt diefe mit dem 18. theilweife zufammen. Valentinian III. ift im
Laufe des Jahrs 424 vom byzantinifchen Hofe im Nobiliffimat aner-
kannt. Mitte October 424 zum Cäfar und am 23. October 425 zum
Auguftus ernannt worden. Wäre von einem diefer letzten Termine
an gerechnet. fo könnte das 6. Jahr nur ein Schreibfehler für das 2.
Jahr fein. Allein die Bezeugung ift zu gut, als dafs man ohne Will-
kür eine folche Aenderung vornehmen dürfte. Es fcheint in der That
eine nur aus den Verhältniffen jener Zeit erklärbare andere Rechnung

vorzuliegen. Wir wiffen aus Olympiodor, dafs Valentinian III. fchon
von feinem Oheim Honorius zum Nobiliffimus erklärt worden ift.
Sicher ift nur, dafs dies zwifchen 419 und 423 gefchah, höchft wahrfcheinlich, dafs dies gleichzeitig mit der Erhebung feiner Mutter Pla-
cidia zur Augufta, d. h. am 8. Februar 421 erfolgt ift. Wer die
Regierungsjahre Valentinians III. von diefem Termine an rechnete, für
den lief fein 5. Regierungsjahr vom 8. Februar 425 bis eben dahin
426. Das 18. Jahr des Auguftus Theodofius, das 5. des Nobiliffimus
Valentinianus III. und die 9. Indiction find die zutreffenden Charakterismen für den Zeitraum vom 1. September 425 bis 7. Februar 426.
Im Laufe diefes Zeitraums fällt die Ernennung Valentinians III. zum
Auguftus. Wäre die Datirung nach diefer erfolgt, fo bliebe fie ein
Räthfel, und es wäre fchlechterdings nicht abzufehen, warum nicht das
erfte Jahr Valentinians genannt worden wäre, in der Weife, wie fonft
immer gerechnet wird. Ganz anders fteht die Sache, wenn man annimmt, dafs die Datirung in die Zeit vor dem 23. October 425 fällt.
Damals gab es keinen Kaifer des Abendlandes, da der Ufurpator
Johannes als Tyrannus galt und vom byzantinifchen Hofe nicht aner-
kannt wurde. Ein anderer Vertreter für das abendländifche Reich als
der Knabe Valentinian war nicht da, wer alfo legitimiftifch rechnete,
konnte nicht anders als nach der erften Erhebung deffelben datiren.
Hiernach find die Zahlen 18 für Theodofius, 5 für Valentinian und 9
für die Indiction die richtigen und paffen einzig und allein auf die
Zeit vom 1. September bis 23. October 425.«

Durch vorftehende Ausführung ift die Zeit der Bearbeitung
beftimmt. Dafs beide Ziffern des griechifchen Textes, die eine nach
dem Lateinifchen, die andere nach dem Kopten geändert werden
müffen, wird um fo weniger Bedenken erregen, da nur eine einzige
griechifche Handfchrift die Zeitangabe bewahrt hat. Die gewonnene
Zeitbeftimmung beweift übrigens aufs Neue, dafs der Prolog nicht zu der
urfprünglichen Schrift gehört haben kann. Denn das Vorhandenfein
desfelben wird bereits im Jahre 375 oder 376 von Epiphanios bezeugt
(haer. 51, 1, vrgl. meine Quellenkritik S. 30), um die noch älteren
Zeugniffe, die man bei Juftin, Tertullian und Eufebios hat finden
wollen, hier noch völlig aufser Betracht zu laffen. Selbft die
Regierungszeit Theodofius des Grofsen (379—395), in welche
Scholten die Entftehung des Buches verlegt, wäre um feiner Benutzung durch Epiphanios willen zu fpät.

Weit fchwieriger ift die Abfaffungszeit der Grundfchrift
zu beftimmen. Tifchendorf (a. a. O. proll. p. LXII. sqq. Wann

wurden unfere Evangelien verfafst, 4. Aufl. S. 82. ff.) hat aus der
angeblichen Benutzung der Acten bei Juftin dem Märtyrer und
Tertullian den Beweis führen wollen, dafs diefelben fchon am Anfang
des 2. Jahrhunderts vorhanden waren, und diefes frühe Vorhandenfein
einer Schrift, welche bereits alle vier kanonifchen Evangelien kennt,
und insbefondere auch das vierte ftark benutzt, als ein Hauptargument
für die Abfaffung fämmtlicher kanonifchen Evangelien noch im erften
chriftlichen Jahrhunderte geltend gemacht. Dem gegenüber haben
Hilgenfeld (Evangelien Juftins S. 173. 241 flg. Zeitfchr. f. wiffenfchaftl. Theologie 1865 S. 340 fl.) und Volkmar (Ueber Juftin den
Märtyrer S. 40. Urfprung unferer Evangelien S. 80 ff.) angenommen,
dafs die aus Johannes entnommenen Abfchnitte der Acten nicht der
Grundfchrift, fondern erft einer fpäteren Bearbeitung angehören, ohne
jedoch die Zeugniffe Juftins und Tertullians zu beanftanden (vrgl.
auch Holtzmann im Bibellexikon 1. 172, Artikel Apokryphen des
N. T.). Im Gegentheil fuchte Volkmar grade mit dem Umftande,
dafs beide Kirchenväter nichts Johanneifches in ihren (angeblichen)
Citaten aus den Acten erwähnen, die Annahme zu begründen, dafs
der urfprüngliche Kern derfelben fich nur an die fynoptifche Ueberlieferung angefchloffen habe. Indeffen hat diefe Auskunft wenig
Wahrfcheinlichkeit. Denn während die Kreuzigung und Auferftehung
vorwiegend nach den Synoptikern erzählt wird, lehnt fich der ganze
Bericht über die Gerichtsverhandlung vor Pilatus an die johanneifche
Darftellung an und es bleibt im günftigften Falle eine blofse Hypo-
thefe, dafs grade diefer ganze Theil der Acten eine »fpätere Aus-
fpinnung« fei. Dagegen haben fchon Giefeler (Kirchengefchichte
4. Aufl. I, 1 pag. 81) und Weitzel (die chriftliche Paffahfeier S. 248 f.)
und neuerdings befonders eingehend Scholten (a. a. O. S. 157 ff.)
das Vorhandenfein der Acten zur Zeit jener Kirchenväter überhaupt
ins Bereich der Sage verwiefen, und letzterer hat nach dem Vorgange
Hilgenfelds (Zeitfchrift für wiffenfchaftl. Theologie a. a. O.) gegen
Tifchendorf den Beweis angetreten, dafs das, was Juftin und
Tertullian aus ihren angeblichen Acten des Pilatus berichten, mit
dem Inhalte unfrer gegenwärtigen Schrift nicht einmal zufammenftimme.
Der letzterwähnte Umftand fällt allerdings fchwer in's Gewicht.

Juftin erwähnt an zwei Stellen die »Acten« unter Pontius
Pilatus τὰ ἐπὶ Ποντίου Πιλάτου γενόμενα ἄκτα, aus welchen die Kaifer
fich über Chriftus unterrichten könnten (μαθεῖν δύνασθε, Apolog. 1, 35.
48 vrgl. 38). Aber was er mit Berufung auf diefe angebliche Ur-
kunde anführt, ift mit Ausnahme weniger Züge, die fich jedoch in

unfern Pilatusacten ebenfowenig finden, den fynoptifchen Evangelien entlehnt. Und auch das, was er aus den letzteren anführt, konnten die Kaifer keineswegs alles in unfern Pilatusacten lefen. Kapitel 35 ift die Erzählung, dafs die Juden Jefum auf den Richtftuhl gefetzt und ihm zugerufen hätten »Richte uns« wol aus Jef. 58, 2. die Durchbohrung der Hände und Füfse aus ψ 21, 17 entlehnt, die Verloofung der Kleider Jefu dagegen aus unfern Synoptikern (Matth. 27, 35. Marc. 15, 24. Luc. 23, 34); kein einziger diefer Züge findet fich in unfern Pilatusacten. Kapitel 48 beruft fich Juftin auf die »Acten« unter Pilatus für die Angabe, dafs Jefus alle Krankheiten geheilt und Todte auferweckt habe, worin er eine Erfüllung des Spruchs Jef. 35, 5. 6 erblickt; aber das die verfchiedenen Wunder aufzählende Citat ift aus diefer Prophetenftelle und Matth. 11, 5 combinirt: »Bei feiner Ankunft wird der Lahme fpringen wie ein Hirfch, und die Zunge des Stummen wird geläufig fein: Blinde werden fehen und Ausfätzige rein werden und Todte auferftehen und wandeln«. Der Verfuch Tifchendorf's, jede Einzelheit diefes Citats durch unfere gefta Pilati zu belegen, fcheitert fchon daran, dafs letztere einerfeits verfchiedene bei Juftin nicht erwähnte Arten von Krankenheilungen aufzählen, andererfeits keines Stummen und nur einer einzigen Todtenerweckung gedenken. Auch Kap. 38, wo Tifchendorf in den Worten »wie ihr erfahren könnt«, ebenfalls ein Citat aus unferen Acten erblicken will, bieten diefelben nichts Verwandtes. Die Worte »Als er gekreuzigt war, verdrehten fie die Lippen, fchüttelten die Köpfe und fprachen: Der da Todte auferweckt hat, rette fich felbft« fcheinen vielmehr aus ψ. 22, 8. Matth. 27. 39 ff. Marc. 15, 29 ff. frei combinirt; höchftens könnte man hier noch an die Benutzung eines von Juftin neben unferen Synoptikern gebrauchten unkanonifchen Evangeliums denken, welches aber ficherlich mit unferen Pilatusacten nicht das Geringfte gemein hatte.

Aehnlich fteht es mit der vermeintlichen Benutzung unferer Hypomnemata durch Tertullian (Apolog. 21). Derfelbe erzählt dort die wunderbaren Umftände des Verhörs, der Kreuzigung, Auferftehung und Himmelfahrt Jefu und fchliefst mit den Worten »dies alles hat Pilatus, der felbft fchon im Gewiffen Chrift geworden war, dem damaligen Kaifer Tiberius über Chriftus berichtet«. Aber Alles, was Tertullian hier erwähnt, fteht in den kanonifchen Evangelien und in der Apoftelgefchichte zu lefen, und wenn fich das Meifte davon auch in unferen Pilatusacten wiederfindet, fo erklärt fich dies aus dem einfachen Grunde, dafs letztere ja ebenfalls vorzugsweife aus den

Evangelien gefloffen find. Tertullian erwähnt auch nicht einen einzigen Zug, welcher den Pilatusacten eigenthümlich wäre, wohl aber
Einiges. wovon in diefen nichts fteht: fo fpielt er auf das bei Jefus
unterlaffene Beinbrechen (Joh. 19. 31 ff.) mit den Worten an Spiritum
cum verbo dimifit praevento carnificis officio und erzählt (nach Act.
1, 3 ff.) von einem vierzigtägigen Verkehr Jefu mit feinen Jüngern
zwifchen Auferftehung und Himmelfahrt, welche letztere Angabe unmöglich, wie Tifchendorf will, aus dem Befehle, welchen der Auf-
erftandene in unferen Acten dem Jofeph von Arimathia ertheilt (Kap.
15 zu Ende) gefloffen fein kann.

Sind aber unfere gegenwärtigen Acten von Juftin und Tertullian
jedenfalls nicht benutzt, fo kann die Frage entftehen. ob den Angaben
diefer Kirchenväter nicht irgend ein anderes Schriftftück zu Grunde
liege. Diefe Meinung ift neuerdings von Nicolas aufgeftellt worden
(études sur les évangiles apocryphes, Paris 1866, p. 355 ff.). Nicolas will die von Juftin und Tertullian angeblich citirte Schrift in der
bei Tifchendorf (evangelia apocr. p. 413 sq.) abgedruckten ἀναγορὰ
Ιλάτου wiederfinden, welche er für eins der älteften Apocryphen des
N. T. erklärt. Aber die eine Meinung ift fo irrig wie die andere.
Allerdings giebt fich die ἀναγορά als einen officiellen Bericht, und entfpricht daher, wie Nicolas richtig gegen Tifchendorf einwendet,
den Vorausfetzungen Juftins und Tertullians jedenfalls beffer als unsere
Pilatusacten. Aber eine genauere Betrachtung des Schriftftücks zeigt. dafs
es noch erheblich jünger als letztere ift. Schon die einleitenden Worte
befagen, dafs es nur ein von Pilatus felbft verfafstes Begleitfchreiben
fein will. mit welchem er dem Kaifer unfere Pilatusacten überfendet [1]).
Die ὑπομνήματα werden hier ausdrücklich von der ἀναγορά unterfchieden;
dafs aber unter jenen eben unfere Pilatusacten gemeint find, zeigt
nicht blos der Titel, fondern auch der Umftand, dafs in den Handfchriften, welche die ἀναγορά enthalten, diefelbe den Acten meift an-
gehängt ift. Hiermit ftimmt auch der Inhalt der ἀναγορά völlig
überein, welcher handgreiflich aus den Acten gefchöpft ift, wie fchon
die auch hier erwähnte Anklage der Juden, dafs Jefus den Sabbat
verletzt habe und die Zufammenftellung der am Sabbat von ihm ver-
richteten Heilungen zeigt. Endlich aber verräth die von dem ein-

---

[1]) Ἐν ἐκείναις ταῖς ἡμέραις σταυρωθέντος τοῦ κυρίου ἡμῶν Ἰησοῦ Χριστοῦ ἐπὶ
Ποντίου Πιλάτου ἡγεμόνος τῆς Παλαιστίνης καὶ τῆς Φοινίκης ταῦτα ἐν Ἱεροσο-
λύμοις γέγονεν τὰ ὑπομνήματα τὰ κατὰ τοῦ κυρίου πραχθέντα ὑπὸ
τῶν Ἰουδαίων. ὁ οὖν Πιλάτος μετ' οἰκείας αὐτοῦ ἀναγορᾶς ἐξέπεμψεν
αὐτὰ τῷ Καίσαρι ἐν τῇ Ῥώμῃ γράψας οὕτως.

fachen Stile der Acten auffallend abftechende fchwülftige Schreibweife den fpäteren Nachahmer. Weit eher könnte man an irgend ein anderes Schriftftück denken, welches als Bericht des Pilatus an den Kaifer bei den Chriften umlief. Wir haben deren aufser der eben befprochenen *ἀναγορά* noch mehrere in griechifcher und lateinifcher Sprache. Das ältefte diefer Documente ift der Brief des Pilatus an Kaifer Claudius, welches den griechifchen Acten des Petrus und Paulus einverleibt ift (bei Thilo, acta Petri et Pauli fasc. I, p. 26 fq. Tifchendorf, acta app. apocr.. p. 16 fq.). Derfelbe ift auch in lateinifcher Ueberfetzung erhalten und findet fich theils in dem lateinifchen Texte der Acten des Petrus und Paulus (dem fogenannten Marcellus), den Thilo aus einer Wolfenbütteler Handfchrift in feiner Ausgabe abgedruckt hat, theils in der unächten *ἀνακεφαλαίωσις* am Schluffe des 5. Buches des Pfeudo-Hegefipp über den jüdifchen Krieg, theils endlich auch als Anhang der acta Pilati in mehreren lateinifchen Handfchriften derfelben [1]. Wohl zu unterfcheiden hiervon ift die lateinifche epiftola Pilati ad Tiberium [2]. Von letzterer, einem fehr fpäten Machwerk, kann hier keine Rede fein. Dagegen bietet der Brief des Pilatus an Claudius mindeftens ebenfoviel Berührungspunkte mit Juftin und Ter-tullian, wie unfere acta Pilati. Wie bei Juftin, fo werden auch hier die von Jefu vollbrachten Heilungen aufgezählt: Pilatus fieht ihn Blinde fehend machen, Ausfätzige reinigen, Gelähmte heilen, Dämonen aus-treiben, Todte erwecken. Wie ferner bei Tertullian Jefus durch den Neid der jüdifchen Oberen überliefert wird, fo heifst es auch hier *φθόνῳ οἱ ἀρχιερεῖς κατ᾽ αὐτοῦ κινούμενοι ἐκράτησαν καὶ ἐμοὶ αὐτὸν παρέδωκαν.* Ebenfo wie dort wird auch hier die Gefchichte mit den Grabeswächtern und die jüdifche Sage, dafs die Jünger Jefu den Leichnam geftohlen hätten, berichtet und wenn es bei Tertullian heifst, Pilatus fei felbft im Herzen Chrift gewefen, fo ftimmt hiermit die offenbare Parteinahme des Pilatus für Chriftus und die fchliefsliche Bemerkung deffelben, er habe dies berichtet, damit der Kaifer den jüdifchen Lügen keinen Glauben fchenke, fogar noch beffer als die Darftellung in unfern Acten überein. Auch dafs Tertullian Manches berichtet, was der Brief nicht enthält und umgekehrt der Brief Manches von Tertullian Uebergangene bietet, liefse fich unter der Vorausfetzung, dafs Tertullian den Brief vor

[1] vrgl. Thilo cod. apocr. N. T. I. p. CXXXVI. CXXXIX. 796; zuletzt ab-gedruckt bei Tifchendorf evang. apocr. p. 392 fqq.

[2] Diefelbe ist ebenfalls öfter gedruckt, zuletzt bei Tifchendorf a. a. O. 411 fq.

fich gehabt hatte, wenigftens leichter als bei der Annahme einer Benutzung der Acten erklären. Denn wie die verfchiedenen unter dem
Namen eines Berichtes des Pilatus umlaufenden Stücke beweifen,
wurde diefer Stoff in den chriftlichen Kreifen mit Vorliebe behandelt.
Der Brief kann dem Tertullian in etwas anderer Geftalt vorgelegen
haben, als wir ihn heute lefen; gewifs haben wir, ihn gegenwärtig
ebenfowenig wie die Acten des Petrus und Paulus, denen er einverleibt ift, noch in urfprünglicher Geftalt. Die gegenwärtige Recenfion
rührt, wie auch manche Ausdrücke des Briefes verrathen, erft aus
dem 5. Jahrhunderte her; die Grundfchrift aber gehört jedenfalls noch
in's 2. Jahrhundert und könnte, wie ich an einem andern Orte zu
zeigen gedenke, fogar älter fein als Juftin. Auch die auffällige Adreffe
des Briefs an Kaifer Claudius verräth nicht etwa eine fpätere Hand,
fondern hängt mit der Compofition der alten Grundfchrift der acta
Petri et Pauli zufammen, welche den Claudius einfach darum als
Adreffaten des Briefes nennt, weil fie den Petrus unter diefem Kaifer
nach Rom kommen liefs; diefer Anachronismus dient alfo grade zum
Beweife dafür. dafs der Brief nicht etwa erft von einem fpätern Ueber-
arbeiter in die Acten hineingefügt ift, fondern denfelben urfprünglich
angehört hat. Dann aber würde nichts der Annahme entgegenftehen,
dafs wenigftens Tertullian ihn fchon in den Händen hatte, freilich fchon
als einen Brief an Tiberius, wie die Chronologie des Lebens Jefu
erforderte und wie daher auch die Spätern fämmtlich hergeftellt haben.
   Dennoch bleibt auch dies eine blofse Vermuthung. welcher die
Annahme Scholten's zunächft mit gleichem Rechte gegenüberfteht,
dafs Juftin und Tertullian überhaupt noch keine »Acten« des Pilatus
vor fich hatten. Und wenigftens was den erftgenannten Kirchenvater
betrifft, wird es hierbei wohl fein Bewenden behalten.
   Allerdings fcheint Juftin wiederholt mit den Worten μαθεῖν
δύνασθε das Vorhandenfein folcher Acten vorauszufetzen; aber diefe
Wendung verdient jedenfalls keinen gröfseren Glauben. als wenn er
das einemal kurz vorher (Kap. 34) ganz mit denfelben Worten die
Kaifer auf die Cenfustabellen unter Quirinus verweift,[1]) um fie von
der Geburt Chrifti in Bethlehem zu überzeugen. Juftinus nimmt alfo
an, dafs im kaiferlichen Archiv zu Rom fowol jene Cenfustabellen,
als ein officieller Bericht über den Procefs Jefu unter Pilatus aufbewahrt fei. Gefehen hat er die erfteren nun ganz gewifs nicht;
aber hiermit fällt zugleich auch jeder Beweis, dafs er die angeblichen

[1]) ὡς μαθεῖν δύνασθε ἐκ τῶν ἀπογραφῶν τῶν γενομένων ἐπὶ Κυρηνίου.

officiellen Procefsacten in den Händen gehabt habe. Nicht einmal
fo viel läfst fich aus feinen Angaben entnehmen, dafs fchon zu feiner
Zeit ein Schriftftück wie der Brief des Pilatus an den Kaifer von
irgend einem Chriften erdichtet und in chriftlichen Kreifen in Umlauf
war. Gewifs war es von der Annahme Juftins bis zur Erdichtung
eines derartigen Documentes nicht weit; aber die Stellen Juftins beweifen lediglich diefes, dafs die Chriften damals das Vorhandenfein
officieller Acten über den Procefs Jefu im römifchen Archiv einfach
vorausfetzten. Daher erklärt fich auch die lateinifche Benennung
ἄκτα, während unfere Pilatusacten ebenfo wie die noch zu erwähnende
heidnifche Schrift vielmehr den griechifchen Namen ὑπομνήματα führen.
Was Juftin aber über den vermeintlichen Inhalt jener Acten erzählt,
kann lediglich aus dem, was ihm die evangelifche Ueberlieferung
in Verbindung mit meffianifch gedeuteten Pfalm- und Prophetenftellen
an die Hand gab, errathen fein. Die Bezeichnung ferner τὰ ἐπὶ
Ποντίου Πιλάτου γενόμενα ἄκτα beweift allerdings, dafs Juftin einen unter
dem Namen des Pilatus felbft abgefafsten Bericht an den Kaifer,
als welcher der Brief des Pilatus in allen feinen Geftalten fich giebt,
nicht in den Händen gehabt haben kann; aber an unfere Pilatusacten,
die überhaupt kein officieller Bericht an den Kaifer fein wollen, ift
noch weit weniger zu denken.

Anders fteht es dagegen mit Tertullian und Eufebios.
Tertullian kennt unfere Pilatusacten ebenfalls nicht; aber er weifs
bereits von einem von Pilatus felbft verfafsten Bericht an den
Kaifer und von der wenigftens im Herzen erfolgten Bekehrung des
Landpflegers[1]. Zu feiner Zeit hat aber ein folches Actenftück in
der That fchon exiftirt, gefetzt auch, er hätte es nicht vor fich
gehabt, fondern lediglich nach Hörenfagen geurtheilt. An einer andern Stelle (Apolog. 5) erzählt Tertullian noch weiter, Tiberius habe
dem Senate von dem empfangenen Berichte Kenntnifs gegeben und
trotz der ablehnenden Haltung des letzteren nicht nur feine günftige
Meinung über die Chriften feftgehalten, fondern auch ihre Ankläger
mit Strafe bedroht. Letztere Angaben find offenbar einer erft nach
der Zeit Juftins aufgekommenen und fpäterhin noch viel weiter aus-
gefchmückten chriftlichen Sage entnommen.

Eufebios endlich (h. e. II, 2), welcher die letzterwähnte
Stelle Tertullians ausdrücklich citirt, hat allem Anfchein nach auch

---

[1] ea omnia fuper Chrifto Pilatus, et ipfe iam pro confcientia Chriftianus, Caefari
tunc Tiberio nunciavit.

feine Nachricht über den von Pilatus dem Kaifer erftatteten Bericht
aus Tertullian: wenigftens was diefer Bericht über Chrifti Wunder
und feine Auferftehung enthalten haben foll, geht nirgends über das
von Tertullian als Inhalt deffelben Gemeldete hinaus. Die einzige
Angabe, die fich Apolog. 21 nicht findet, dafs Viele Chriftum für
einen Gott gehalten haben, ift aus der anderen Stelle, Apolog. 5,
entlehnt. Es ift möglich, dafs der Kirchenhiftoriker, der ja die acta
Petri et Pauli gelegentlich (h. e. III, 3. 25) erwähnt, den Brief des
Pilatus an den Kaifer gelefen hat: jedenfalls fetzt auch er die Exiftenz
eines officiellen Berichts, den der Procurator an den Kaifer gefchickt, und
zwar als eine felbftverftändliche, dem römifchen Brauche entfprechende
Sache voraus. Aber von unferen Pilatusacten verräth auch Eufebios
noch keine Kunde. Diefer Umftand ift um fo bemerkenswerther, da
er anderwärts der heidnifchen Pilatusacten gedenkt, welche zur Zeit
der galerianifchen Chriftenverfolgung zur Schmähung Chrifti erdichtet
worden waren und auf fpeciellen Befehl des Kaifers Maximinus im
ganzen Reiche von den Schulkindern auswendig gelernt werden mufsten
(h. e. IX, 5. 7, vergl. I, 9 und 11). Eufebios führt diefelben unter
dem Namen *Πιλάτου καὶ τοῦ σωτῆρος ἡμῶν ὑπομνήματα* an, und erwähnt,
dafs fie die Paffion Jefu fälfchlich in das vierte Confulat des Tiberius, alfo in fein 7. Kaiferjahr verlegen, während Pilatus doch erft im
12. Jahre des Tiberius Landpfleger von Judäa geworden fei[1]. Tifchendorf nimmt ohne Weiteres an, dafs diefe heidnifchen Hypomnemata zur
Verdrängung unferer Pilatusacten, die fchon damals in aller Händen
gewefen, erdichtet worden feien. Aber hiervon meldet Eufebios nicht
das Geringfte, obwohl er, wenn er unfere Acten fchon gekannt hätte,
ficherlich nicht unterlaffen haben würde, dies als eine fpecielle Bosheit
der Heiden hervorzuheben.

Wie verbreitet übrigens im vierten Jahrhunderte die Nachricht
von einem eigenhändigen Berichte des Pilatus an den Kaifer war,
geht auch aus der fyrifchen Predigt des Simon Kephas in der
Stadt Rom hervor, welche Cureton herausgegeben hat (Ancient
Syriac Documents, London 1864, p. 35 fg. der englifchen Ueberfetzung). Petrus berichtet hier den Römern die Umftände des Todes
Jefu unter Pilatus. Die Erzählung ift dem Matthäusevangelium entlehnt; von Pilatus aber heifst es: »Diefer hat davon Zeugnifs abgelegt
und alles dem Kaifer gefchrieben. Der aber war unwillig über ihn,

---

[1] *ἐπὶ τῆς τετάρτης γοῦν ὑπατείας Τιβερίου, ἣ γέγονεν ἔτους ἑβδόμου τῆς βασιλείας αὐτοῦ, τὰ περὶ τὸ σωτήριον πάθος αὐτοῖς τολμηθέντα περιέχει κτλ.*

weil er ungerechterweife den Juden nachgegeben hatte, und fetzte ihn ab. Ganz daffelbe, was Pilatus dem Kaifer und Senat berichtet hat, lehre auch ich und alle meine Mitapoftel«. Und nun folgt fofort die Gefchichte von den Grabeswächtern, die ebenfalls für den Auferftandenen Zeugnifs abgelegt hätten. Das Actenftück verräth keine Bekanntfchaft mit Eufebios, fondern ift eine Bearbeitung der alten acta Petri, denen auch die Notiz über den Bericht des Pilatus an Kaifer und Senat entnommen fein wird. Daran, dafs unfere Pilatusacten hier benutzt feien, ift nicht von Ferne zu denken. Da diefe fyrifche Schrift aber ungefähr in die Zeit des Eufebios gehört, fo ift fie ein neuer Beweis, dafs damals noch niemand von der Exiftenz unferer Pilatusacten etwas wufste.

Eine nähere Betrachtung des Inhaltes unferer gegenwärtigen Pilatusacten beftätigt diefes Ergebnifs. Eine Handhabe für die Zeitbeftimmung derfelben bietet die zweite Einleitung *ἐν ἔτει πεντεκαιδεκάτῳ κτλ,* welche auch nach Tifchendorf nicht der Ueberarbeitung, fondern der Grundfchrift angehört. Darnach ift das in den Acten Berichtete gefchehen »im 15. Jahre der Herrfchaft des Tiberius Cäfar, Königs der Römer und im 19. Jahre des Königs von Galiläa Herodes, am 8. Tage vor den Kalenden des April oder am 25. März, unter dem Confulate des Rufus und Rubellio, im vierten Jahre der 202. Olympiade, unter dem jüdifchen Hohenpriefter Jofeph Kaiaphas« [1]. Die Ueberlieferung der Ziffern ift ficher, mit Ausnahme des 15. Regierungsjahrs des Tiberius, wofür einige Zeugen das 18., andere das 19. bieten (vrgl. Tifchendorf a. a. O. p. 204 ff.). Die Voranftellung des Datums ift in dergleichen Acten herkömmlich, und konnte auch in der Grundfchrift nicht fehlen. Um fo auffälliger ift die Zufammenftellung der verfchiedenen Zeitangaben. Das funfzehnte Jahr des Tiberius (Auguft 28 bis ebendahin 29 n. Chr.), welches vom 1. Januar 28 an dem Confulate des »Rufus und Rubellio« oder der beiden Gemini, d. h. des C. Fufius Geminus und des C. Rubellius Geminus entfpricht, ift nach der älteren chriftlichen Chronologie das allgemein angenommene Jahr für Chrifti Paffion [2]. Daffelbe beruht nicht auf

---

[1] *ἐν ἔτει πεντεκαιδεκάτῳ τῆς ἡγεμονίας Τιβερίου Καίσαρος βασιλέως Ῥωμαίων, καὶ Ἡρώδου βασιλέως τῆς Γαλιλαίας, ἐν ἐννεακαιδεκάτῳ ἔτει τῆς ἀρχῆς αὐτοῦ, τῇ πρὸ ὀκτὼ καλανδῶν Ἀπριλλίων, ἥτις ἐστὶν εἰκὰς πέμπτη Μαρτίου, ἐν ὑπατείᾳ Ῥούφου καὶ Ῥουβελλίωνος, ἐν τῷ τετάρτῳ ἔτει τῆς διακοσιοστῆς δευτέρας Ὀλυμπιάδος, ἐπὶ ἀρχιερέως τῶν Ἰουδαίων Ἰωσήπου τοῦ Καϊάφα.*

[2] vrgl. Tertull. ad Judaeos 13. Clemens Alex. Strom. I, 21, 145. Lactant. inftit. IV, 10. mort. perfec. 2. chron. Liberian. ed. Mommfen p. 619. 634.

ficherer Ueberlieferung. fondern auf der Stelle Luc. 3. 1, welche aber nur das Datum für das Auftreten des Täufers angiebt. und auf der Nachricht Luc. 3, 23. dafs Jefus bei feiner Taufe ungefähr 30jährig gewefen. Indem man die öffentliche Wirkfamkeit Jefu aber nach Luc. 4. 19 auf ein Jahr beftimmte. liefs man ihn auch bei der Paffion dreifsig Jahr alt fein [1]). Andere rechneten den *ἐνιαυτὸς κύριου δεκτός* (Luc. 4. 19) hinzu, und erhielten fo ftatt des funfzehnten das fechszehnte Jahr des Tiberius. So haben fchon zur Zeit des Clemens Alex. (a. a. O. I. 21, 146) Einige gerechnet; ebenfo Julius Africanus (bei Syncell. p. 612 ed. Bonn, und bei Eus. D. E. VIII. 2. p. 389 fq. ed. Paris[2])) und Julius Hilarion (de mundi duratione in bibl. Patr. Maxima VI. p. 376). Wäre dagegen das 18. oder 19. Jahr des Tiberius in unferen Acten urfprünglich. fo würde diefe Angabe bereits auf der fpäteren feit Eufebios aufgekommenen Chronologie beruhen, welche nach dem Johannesevangelium eine dreijährige (nach Eus. h. e. I, 10 nicht ganz vierjährige) öffentliche Wirkfamkeit Jefu berechnete. In der Chronik rechnet Eufebios das Auftreten Jefu vom 15. Jahre des Tiberius (2044 Abrah.. Olymp. 202. 1 gleich 28 n. Chr.) an. das aber nicht mitgezählt wird; den Tod Jefu fetzt er ins 19. Jahr des Tiberius (2048 Abr., Olymp. 203. 1 gleich 32 n. Chr.); Hieronymus dagegen, der nur drei volle Jahre zählt. fetzt das Auftreten Jefu ebenfalls ins 15. Jahr (2044 Abr., Olymp. 201. 4). den Tod dagegen ins 18. Jahr diefes Kaifers (2047 Abr.. Olymp. 202.3). Auf derfelben Annahme einer dreijährigen öffentlichen Wirkfamkeit Jefu beruhen die Rechnungen des Epiphanios. nach welchem die Paffion Jefu im dritten Jahre nach feiner Taufe. im 18. Jahre des Tiberius. unter den Confuln Vinicius und Caffius Longinus (32 n. Chr. nach feiner Zählung, 30 aer. Dionys.) erfolgt (haer. 51, 23 vrgl. 26), und der fpäteren Chroniften, wie Malala (chron. ed. Oxon. p. 304 ff.), des Chron. Pafchale (I, p. 395 ff. ed. Bonn.) Synkellos (ed. Bonn. p. 606 sq., 615 fq.). Pfeudo-Hippolyt (chron. ed. Fabric. II. 58. 62, vrgl. auch Hippolyt. in Daniel. 4, wo das dreifsigfte Jahr im Widerfpruch mit den Angaben der ächten Chronik in das dreiund-

---

Fafti Idatii in der Bonner Ausgabe des chron. Pasch. II. 158 f. Hieron. in Daniel. c. 9. Auguftin. Civ. Dei 18, 54. Sulpic. Sever. chron. II. 27.

[1]) Vrgl. aufser den angeführten Stellen noch chron. Hippolyti in der Bonner Ausgabe des chron. Pasch. T. II. p. 107.

[2]) daher von der Schöpfung bis zur Paffion nicht 5530 fondern 5531 Jahre gerechnet find; doch fteht in der fonft wörtlichen lateinifchen Ueberfetzung bei Hieron. in Dan. 9 das 15. Jahr des Tiberius.

dreifsigfte geändert ift) u. A. m., nur dafs man bald das dritte, bald
das vierte Jahr nach der Taufe als Todesjahr anfetzt.

Diefe letztere Chronologie liegt nun aber auch fchon den
weiteren Angaben unferer Pilatusacten zu Grunde. Gefetzt auch, das
15. Jahr des Tiberius wäre die urfprüngliche Lesart, fo weift doch
das 19. Jahr des »Königs« Herodes von Galiläa (d. h. des Herodes
Antipas), welches dem 19. Jahre des Tiberius entfpricht, und das
vierte Jahr der 202. Olympiade unzweifelhaft auf die feit Eufebios
üblich gewordene Zeitrechnung hin. Das 19. Jahr des Herodes
nennt auch Eufebios in der armenifchen Chronik (zu 2048 Abr.);
Hieronymus (zu 2047 Abr.) differirt auch hier um ein Jahr und fetzt
das 18. Jahr des Herodes an, womit Epiphanios *(bdqula Xqiotoï* c. 2,
hinter der 20. Härefis), der diefen Herodes Agrippa nennt und für
einen Sohn des Archelaos hält, und Sulpicius Severus (Chron. II, 27)
übereinftimmen. Die Jahre des Herodes find von der Abfetzung des
Archelaos an gerechnet; fein 1. Jahr ift nach der Rechnung des Eufebios
2030 Abr., Olymp. 198, 3 gleich 14 n. Chr., fein 19. Jahr alfo 2048
Abr., Olymp. 203, 1 gleich 32 u. Z. Auch das vierte Jahr der 202.
Olympiade, welches die Pilatusacten nennen, ftammt aus Eufebios.
Die ältere Chronologie (Julius Afric. bei Syncell. p. 611 ed. Bonn.
vrgl. auch das Fragment bei Eus. D. E. VIII, 2) fetzt den Tod Jefu
vielmehr ins 2. Jahr der 202. Olympiade, welches dem 16. Jahre des
Tiberius entfpricht.

Nun erwähnt aber der heidnifche Chronift Phlegon zum
4. Jahre der 202. Olympiade einer grofsen Sonnenfinfternifs zur
Mittagszeit und eines gleichzeitig eingetretenen Erdbebens, welches
einen grofsen Theil der Stadt Nicäa zerftört habe [1]). Diefe Angabe
wurde mit der Erzählung bei Matthäus (27, 45. 51) von der Finfternifs und dem Erdbeben bei Jefu Tod combinirt. Origenes, welcher
zuerft diefes Zeugniffes gedenkt, um die von Matthäus berichteten
wunderbaren Vorgänge zu beglaubigen (c. Cels. II, 33), zieht indeffen
noch keine chronologifchen Schlüffe daraus. Im Gegentheile läfst er
fpäter die ganze Combination wieder fallen. Im Commentar zu
Matthäus (comm. feries 134 opp. V, 53 ed. Lomm.) beftreitet er
nämlich die Anficht, dafs die Finfternifs bei Jefu Tode eine gewöhnliche Sonnenfinfternifs gewefen, und führt zugleich gegen die andere
Annahme, welche diefelbe für eine wunderbare Sonnenfinfternifs hielt,

---

[1]) Eufebius Chron. a. a. O. Malala chron. p. 310 ed. Oxon. Syncell. p. 614
ed. Bonn. Joh. Philoponus de mundi creatione II, 21 p. 515. III, 9 p. 529 B.

den Einwurf der Ungläubigen an. keiner unter den Chroniften jener
Zeit erwähne die bei Jefu Tod eingetretene Sonnenfinfternifs über die
ganze Erde von der fechsten bis zur neunten Stunde: denn Phlegon
fpreche in der betreffenden Stelle feiner Chronik nicht von einer
Verfinfterung der Sonne zur Vollmondszeit. Die Auskunft, welche
er felbft trifft, erkennt nun den Einwand der Gegner an.. Die von
Phlegon aus der Zeit des Tiberius berichtete Erfcheinung ift auch
ihm eine gewöhnliche Sonnenfinfternifs; dagegen erklärt er die zur
Zeit von Chrifti Tod eingetretene Finfternifs aus einer wunderbaren
Verdunkelung des Himmels durch dichte Wolken. Ebenfo giebt er
zu, dafs von einer Finfternifs über die ganze Erde ebenfo wenig wie
von einem Erdbeben, welches man aller Orten gefpürt habe, die
Rede fein könne. nimmt aber an, dafs beide vom Evangeliften
berichteten Erfcheinungen fich nicht über Jerufalem und das jüdifche
Land hinaus erftreckt haben. Diefe ganze Beweisführung zeigt
zugleich, dafs die angeblichen Citate des Origenes und des Julius
Africanus aus Phlegon, nach welchen diefer Chronift zum vierten
Jahre der 202. Olympiade eine Sonnenfinfternifs· zur Vollmondszeit,
oder gar ausdrücklich von der fechften bis zur neunten Stunde
erwähnt haben foll, erft von der Vorausfetzung aus zurechtgemacht
find, dafs die Sonnenfinfternifs des Phlegon mit dem Ereigniffe bei
Jefu Tode identifch fei. Das eine diefer Citate findet fich in einem
griechifchen Fragmente, angeblich aus dem Matthäuscommentar des
Origenes, welches uns in doppelter Faffung überliefert ift (vrgl. Routh
reliquiae sacrae ed. 2. T. II. p. 479 flg.). In der relativ älteren Geftalt (in einer Catene bei Cramer p. 237) lefen wir: »Ein gewiffer
griechifcher Philofoph Namens Phlegon gedenkt diefer wunderbaren
Finfternifs. Sie gefchah aber am 14. Tage des Mondes, wenn Sonne
und Mond am Weiteften von einander entfernt find, während die
Sonnenfinfterniffe dann einzutreten pflegen, wenn beide Geftirne einander fich nähern.« In der zweiten Faffung (im letzten Anhange
bei Gallandi) finden wir diefelben Worte dem Phlegon felbft in den
Mund gelegt. Sie ftammen aber ebenfowenig von diefem, als von
Origenes. mit deffen ächtem Texte fie in Widerfpruch ftehn.

Auch das angebliche Citat des Julius Africanus aus Phlegon
im fünften Buche feiner Chronik (bei Syncell. p. 610 ed. Bonn.), welches
von einer Sonnenfinfternifs beim Vollmonde von der fechften bis zur
neunten Stunde fpricht, ift ebenfo wie die beigefügte Bemerkung,
offenbar fei damit die Finfternifs bei Jefu Tode gemeint. wie man
längft erkannt hat, ein handgreifliches Gloffem, welches vermuthlich

von Synkellos, der uns das Fragment des Julius Africanus aufbewahrt
hat, in die Worte des letzteren eingefchoben ift (vrgl. Routh a. a. O.
p. 478 fq.). Julius Africanus urtheilt vielmehr ganz ähnlich wie
Origenes im ächten Texte des Matthäuscommentars. Er weift die
Anficht des (zur Zeit Domitians lebenden) Gefchichtfchreibers Thallos,
welcher im dritten Buche feiner Hiftorien die Finfternifs bei Jefu Tod
eine gewöhnliche Sonnenfinfternifs nennt (Ἐκλειψιν τοῦ ἡλίου), als unver-
ftändig zurück, indem er dagegen die Unmöglichkeit einer gewöhnlichen
Sonnenfinfternifs zur Vollmondszeit und den Mangel jedes Zufammenhangs
zwifchen einer Sonnenfinfternifs und einem Erdbeben geltend macht; die
Finfternifs beim Tode Jefu ift ihm vielmehr ein fchlechthinniges Wunder.
Die von Synkellos in feine Erörterung eingefchobenen Worte zer-
reifsen nicht nur den Zufammenhang, fondern ftehen gradezu mit
demfelben in Widerfpruch. Dagegen hat Origenes im Matthäuscommentar offenbar die Chronik des Africanus benutzt, und diefer
die Anficht entlehnt, dafs von einer wirklichen Sonnenfinfternifs, wie
das von Phlegon berichtete Ereignifs unzweifelhaft war, beim Tode
Jefu unmöglich die Rede fein könne.

Die Späteren haben nun freilich die Notiz des Phlegon, unbekümmert um diefe Einwendungen, fich nicht nur aufs Neue zu
Nutze gemacht, fondern auch das von Phlegon angegebene Datum,
im Widerfpruch mit der älteren Rechnung, für die Chronologie des
Lebens Jefu verwerthet. Der Erfte, der dies that, ift, wie fchon bemerkt wurde, Eufebios[1]). Obwohl das für das Todesjahr Jefu ange-
fetzte Jahr Abrahams (2048) nach feiner Rechnung nicht dem vierten
Jahre der 202., fondern dem erften Jahre der 203. Olympiade entfpricht, läfst er doch ausdrücklich die bei dem Tode Jefu eingetretene
Sonnenfinfternifs mit der von Phlegon zum vierten Jahre der 202.
Olympiade erwähnten identifch fein: der Beweis, dafs der Erlöfer in
diefem Jahre gelitten, liege in dem Zeugniffe des Johannesevangeliums,
nach welchem Chriftus nach dem 15. Jahre des Tiberius drei Jahre
lang gelehrt habe. Diefelben Worte des Eufebios hat auch Hieronymus in feine lateinifche Chronik unverändert herübergenommen,
obwohl das Todesjahr Jefu nach feinem Kanon nicht dem vierten,
fondern dem dritten Jahre der 202. Olympiade entfpricht. Auch
Malala (chron. ed. Oxon. p. 310) identificirt die Sonnenfinfternifs des
Phlegon mit der beim Tode Jefu, und begründet damit das Recht,
fie ins 18. Jahr des Tiberius (32 u. Z.) zu fetzen, welches er mit dem

---

[1]) bei Syncell. p. 614 fq. ed. Bonn., im armenifchen Chronicon zu 2048 Abr.

79. Jahre der Aera Antiochena (31 u. Z.) und dem Confulate des
Sulpicius und Sulla (33 u. Z.) identificirt. Eine Spur der urfprüng-
lichen Rechnung ift aber bei Malala noch in der weiteren Angabe
bewahrt, dafs damals Caffius Longinus Proconful von Syrien gewefen.
Dies ift nämlich eine Verwechfelung des ins Jahr 30 u. Z. fallenden
Coufulats des Caffius Longinus, in welches diejenigen, welche Jefum
nach Julius Africanus im 16. Jahre des Tiberius fterben liefsen, feinen
Tod fetzen mufsten, mit feinem 19 Jahre fpäteren Proconfulat (49 n.
Chr.); wie mir aber Gutfchmid bemerkt, erklärt fich diefe Verwechfelung aus der Vermifchung zweier damals in Antiochia neben
einander gebrauchter Aeren, der Aera Antiochena, deren 79. Jahr
dem Jahre 31 u. Z. entfpricht, und der Aera Actiaca, nach welcher
das 79. Jahr vielmehr das Jahr 49 u. Z. ergiebt. Synkell, der die
Berichte des Africanus und Eufebios excerpirt, fetzt die Geburt Chrifti
ins Jahr 5501, feine öffentliche Wirkfamkeit von 5531 bis 5533 der
Welt (p. 590 ff. 597. 607. 615 ed. Bonn.). Die Paffahchronik
endlich (p. 412. 417 ed. Bonn.) citirt ebenfalls die Stelle des Phlegon,
um das Todesjahr Chrifti zu beftimmen, und rechnet von der Taufe
Chrifti bis zu feiner Paffion 3 Jahre 76 Tage: die Geburt Chrifti
fetzt fie ins Jahr 5507 der Welt, die Taufe ins Jahr 5536, die Paffion
ins Jahr 5540 (Olymp. 203, 1) oder ins vierunddreifsigfte Lebens-
jahr Jefu.

Aus dem Bisherigen ergiebt fich, dafs die in der Grundfchrift
unferer Pilatusacten enthaltenen Zeitbeftimmungen theilweife bereits
die feit Eufebios aufgekommene Chronologie des Lebens Jefu vorausfetzen. Das 19. Jahr des Herodes und das 4. Jahr der 202. Olympiade
konnten nur von einem Schriftfteller, welcher den Eufebios mittelbar
oder unmittelbar benutzt hat, für das Todesjahr Jefu angefetzt werden.
Auf Eufebios fcheint auch die Bezeichnung des Kaiphas als Ἰωσῆφ ὁ
Καϊάφας zurückzuführen; denn obwohl diefelbe urfprünglich den jüdifchen Alterthümern des Flavius Jofephus (Antt. XVIII, 4, 3) entlehnt
ift, fo wird fie der Verfaffer unferer Acten doch ficher nur durch
Vermittelung des Eufebios (h. e. 1, 10) erhalten haben. Nach einer
fpäter im Oriente verbreiteten Sage, die vermuthlich ebenfalls erft aus
der Stelle des Eufebios entftanden ift, foll Kaiphas gar mit Jofeph
von Arimathia identifch gewefen fein [1]).

Von den weiteren chronologifchen Daten verdient noch die
Angabe des Tages Beachtung: τῇ πρὸ ὀκτὼ καλανδῶν Ἀπριλλῶν, ἥτις ἐστὶν

[1]) vgl. Affemani B. O. II, 165. Cureton Ancient Syriac Documents p. 171.

εἰκάς πέμπτη Μαρτίου. Diefes Datum wird als in den Acten des Pilatus befindlich auch von Epiphanios (haer. 50, 1) bezeugt, zu deſſen Zeit ſich ein Theil der Quartodecimaner oder doch Leute, welche er zu den Quartodecimanern gerechnet hat, für ihre Feier des Paſſah am 25. März auf jene Acten beriefen: damals waren übrigens, wie Epiphanios weiter berichtet, auch andere Exemplare der Pilatusacten, in denen die Paſſion XV kal. April. angeſetzt war im Umlauf. Die erſtere Lesart wird feſtzuhalten ſein. Das Datum VIII kal. April. (25. März) ſtimmt mit der gewöhnlichen ſeit dem 3. Jahrhunderte aufgekommenen, noch zu des Epiphanios Zeit und ſpäter verbreiteten Chronologie des Todes Jeſu [1]), wogegen Andere den 23. März oder X kal. April. [2]), den 20. oder 21. März, XIII oder XII kal. April. [3]), Einige endlich den 14., 20 oder 21. April [4]) nennen. Aber ein Zeichen ſehr ſpäter Abfaſſung unſerer Acten iſt der Umſtand, daſs der römiſche Kalendertag VIII kal. April. bereits durch den Zuſatz „d. h. d. 25. März" erläutert wird. Auch die Ausdrucksweiſe *Τιβερίου Καίσαρος βασιλέως Ῥωμαίων* iſt ſchwerlich vor der Mitte des 4. Jahrhunderts zu belegen.

Hiernach bliebe, um die frühere Abfaſſung unſerer Acten zu retten, nur übrig, alle diejenigen Zeitbeſtimmungen, welche auf die Abfaſſungszeit nach Euſebios weiſen, für ſpätere Interpolationen zu erklären, und anzunehmen, daſs der urſprüngliche Text nur die Worte „im 15. Jahre des Tiberius Cäſar, am 8. Tage vor den Kalenden des April unter dem Conſulate des Rufus und Rubellio" enthalten habe. Aber zu dieſer Hypotheſe iſt auch nicht der mindeſte Grund vorhanden. Statt des 15. Jahres des Tiberius, welches nur zwei griechiſche Handſchriften der älteren Recenſion (codd. C G bei Tiſchend.) geben, iſt entweder mit anderen griechiſchen Handſchriften (codd. D E bei Tiſchend.; cod. A hat *ἐν ἔτει δεκάτῳ)* und der jüngeren Recenſion das 18. Jahr oder mit den Lateinern und dem Kopten (bei welchem das

---

[1]) Tertull. adv. Jud. 8. chron. Liberian. ed. Mommſen p. 634. Julius Hilarion de duratione mundi l. c. p. 374. Auguſtin. Civ. Dei. XVIII, 54. Malala chron. p. 309 ed. Oxon. Anonym. ap. Chron. Pasch. I p. 421 ſq. ed. Bonn. Martyrol. Hieronymian. zum 25. März. Beda de ratione temporum 28. 45.
[2]) Lactant. inſtitt. IV, 10. „Einige" bei Epiphan. l. c. Faſti Idatiani in der Bonner Ausg. des Chron. Pasch. II, 159. Pſeudo-Hippolyti chron. ed. Fabric. II p. 62. Paſſahchronik I, 414 ſq. Menaea Graecorum zum 23. März.
[3]) Epiphanios ſelbſt a. a. O. und haer. 51, 26 und „Einige" bei Clem. Alex. στρ. I, 21, 145.
[4]) bei Clem. Alex. l. c.

Zeichen für die Zehner ausgefallen ift) das 19. Jahr herzuftellen. Das Confulat des Rufus und Rubellius aber wurde fpäterhin verfchieden berechnet, und wird z. B. von Epiphanios (haer 51, 23), bei dem es dem Jahre 31 n. Chr. entfpricht und in der Paffahchronik (p. 389. 391), die es ins Jahr 5536 der Welt gleich 30 n. Chr. verlegt, von dem Confulate der beiden Gemini (29 u. Z., nach Epiphanios 30 n. Chr.) unterfchieden. So unfinnig nun diefe Unterfcheidung auch ift, fo weifs man doch nicht, ob fie nicht auch der Verfaffer unferer Acten fchon vorausfetzt, und ebenfowenig wiffen wir, in welches Confulat er die Geburt Chrifti gefetzt habe. Da aber Eufebios keine Confuln für das Todesjahr Chrifti angiebt, fo könnte unfer Verfaffer auch ohne alle nähere Bekanntfchaft mit irgend einem Texte der Confulfaften feine Angabe lediglich aus der fonft herkömmlichen Ueberlieferung entnommen haben, unbekümmert, ob fie zu den übrigen Zeitbeftimmungen paffe oder nicht. Als Beweis für die Annahme eines urfprünglicheren, fpäterhin aus Eufebios interpolirten Textes ift alfo das von den Acten angegebene Confulat durchaus unbrauchbar.

Das gewonnene Ergebnifs ftimmt völlig mit dem oben Bemerkten überein, dafs Eufebios von chriftlichen Pilatusacten noch keine Kunde verräth. Nun hat Eufebios feine Chronik mit dem 20. Jahre Conftantins (325 u. Z.) gefchloffen, feine Kirchengefchichte aber jedenfalls erft nach diefem Zeitpunkte verfafst (h. e. I. 1). Da andrerfeits unter den Acta Pilati, auf welche fich die Quartodecimaner bei Epiphanios (haer. 50, 1) berufen, fchwerlich die heidnifchen gemeint fein können, fo waren unfere Acten jedenfalls zur Zeit, als Epiphanios fein Panarion fchrieb, fchon vorhanden. Hiernach fällt die Abfaffung derfelben zwifchen die Jahre 326 und 376 n. Chr.

Ift diefes Ergebnifs richtig, fo ift zugleich der Zweck unfres Buches deutlich erkennbar. Man kann denfelben nicht mehr wie bei Annahme einer weit früheren Abfaffung darin fehen, dafs der Verfaffer durch die von ihm zufammengetragenen Zeugniffe für die Unfchuld Jefu und für die Wahrheit feiner Auferftehung die Juden zum Chriftenthume bekehren wollte (Tifchendorf a. a. O. p. LXV); fondern ihre Tendenz ift die, die heidnifchen Pilatusacten zu verdrängen, und die in letzteren enthaltenen Läfterungen Chrifti durch den Beweis zu entkräften, dafs nicht nur der römifche Procurator durch ein umftändliches Gerichtsverfahren von der Unfchuld Jefu überzeugt worden fei, fondern dafs auch die jüdifchen Volksobern durch zahlreiche und handgreifliche Zeugniffe überführt, die Auferftehung Jefu als eine unzweifelhafte Thatfache hätten anerkennen müffen. Diefem Zwecke dient auch die Fiction, dafs Nikodemus unfre Acten nach Chrifti Paffion in hebräifcher Sprache verfafst habe, eine Angabe, deren Zugehörigkeit zu dem urfprünglichen Texte Tifchendorf (a. a. O. p. LVIII) ohne Grund beftreitet. Die Tifchendorffche Meinung, nach welcher die heidnifchen Pilatusacten zur Verdrängung der chriftlichen erdichtet worden wären (a. a. O. p. LXIV fq.) ift alfo einfach umzukehren. Leider find diefe heidnifchen Acten fpurlos verloren. Ihre Abfaffungszeit unter Maximinus, alfo zwifchen 307 und 313, wahrfcheinlich aber erft nach dem Toleranzedicte des Galerius (311), welches Maximinus nicht anerkannte, fteht nach den Angaben des Eufebios (h. e. IX. 5 und 7) ficher (vrgl. Hunziker, zur Regierung und Chriftenverfolgung des Kaifers Diocletianus, Leipzig 1868 S. 247 ff.).[1] Nach Eufebios (h. e. I. 9) fetzten diefelben den Tod Jefu

---

[1] Gegen die Abfaffung der heidnifchen Acten unter Maximinus Daza im Jahre 311 erhebt fich freilich das Bedenken, dafs ihrer bereits die Acten der unter Diocletian den wilden Thieren vorgeworfenen kilikifchen Märtyrer Tarachus, Probus und Andronikus zu gedenken fcheinen. (Acta SS. zum 11. October, im V. Bande des Monats, p. 560 fqq.). Der Präfes Maximus fpricht dort im Verhöre zu Andronikus (c. 37): μωρέ, τοῦτο οὐκ οἶδας, ὅτι ὂν ἐπικαλῇ ἄνθρωπόν τινα γεγενημένον κακοῦργον, ὑπὸ ἐξουσίᾳ δὲ Πιλάτου τινὸς ἡγεμόνος ἀνηρῆσθαι σταυρῷ, οὗ καὶ ὑπομνήματα κατάκεινται. Unter diefen öffentlich aufbewahrten Acten, in denen Jefus als ein von Pilatus verurtheilter Uebelthäter erfcheint, und auf welche der römifche Richter fich gegen einen chriftlichen Angeklagten berufen kann, find weder unfre Evangelien, wie Tillémont (mémoires V. 631) wollte, noch irgend eine andre Schrift chriftlichen Urfprungs wie der Brief des Pilatus oder unfre gefta Pilati, fondern ohne Zweifel heidnifche acta praefidialia, oder doch ein chriftenfeindliches Document, welche fich für eine officielle Schrift des Pilatus ausgab, zu verftehn. Diefe ὑπομνήματα find daher fehr wahrfcheinlich mit den von Maximin verbreiteten heidnifchen Pilatusacten identifch. Dann aber mufs man entweder ihre von Eufebios bezeugte Abfaffung unter Maximinus, oder das Zeugnifs der Acten der drei kilikifchen Märtyrer beanftanden, nach welchem fchon unter Diocletian fich ein römifcher Richter auf fie berufen haben foll.

Die Acten des Tarachus, Probus und Andronikus find uns in mehreren griechifchen und lateinifchen Texten überliefert. Die Regierungzeit Diocletians geben fämmtliche Zeugen an. Aber die griechifchen Acten bei Bigot und bei Ruinart nennen das erfte Confulat des Diocletian (ἐν ὑπατείᾳ Διοκλητιανοῦ σεβαστοῦ τὸ πρῶτον), alfo das Jahr 284, die lateinifchen Acten bei denfelben Zeugen das Confulat des Diocletian und das zweite des Maximian (confule Diocletiano et Maximiano iterum, was ein Irrthum fein wird für confule Diocletiano iterum et Maximiano, wie in einigen Faften das Jahr 287 bezeichnet wird), der lateinifche Text bei Baronius (ad ann. 290) und Roswende

in das vierte Confulat des Tiberius. Der Kirchenhiftoriker fieht fchon in diefer Datirung ein handgreifliches Zeichen der Fälfchung, da das vierte Confulat des Tiberius feinem fiebenten Kaiferjahre entfpreche, zu welcher Zeit Pilatus noch nicht einmal Statthalter von Judäa gewefen fei. Indeffen hat ihn hier der fromme Eifer zu weit geführt. Die Confularfaften weichen grade zu diefer Zeit bedeutend von ein-

das vierte Confulat Diocletians und das dritte Maximians (confulibus Diocletiano Augufto quartum et Maximiano tertium). Aber auch die letzte Zeitangabe, welche auf das Jahr 290 n. Chr. führt, ift eine viel zu frühe. Die Acten fetzen bereits das vierte Verfolgungsedict der beiden Augufti vom Jahre 304, mit feinem an alle Chriften ohne Unterfchied des Standes gerichteten Opfergebote und eine fchon einige Zeit andauernde blutige Verfolgung voraus (c. 40 fagt Andronikus von den beiden Kaifern ἐγώ καὶ ὑβρίζω, λοιμοῖς ὄντας καὶ αἱμοπότας, οἵτινες τὸν κόσμον ἀνάστατον ἐποίησαν); und hiermit ftimmt die Angabe des Maximus überein, dafs die Kaifer dem Reiche einen langen und tiefen Frieden gegeben hätten (c. 40). Diefer lange und tiefe Friede dauerte volle vierzig Jahre lang, von dem Friedensfchluffe Diocletians mit den Perfern im Jahre 297 bis zu dem letzten Regierungsjahre Conftantins des Grofsen (337). Valefius und Andre haben daher das vierte Confulat des Diocletian in das neunte und das dritte des Maximianus in das achte emendiren wollen, durch welche Aenderung der Ziffern wir mit den Acten der drei Märtyrer bis ins Jahr 304 herabgeführt würden. Aber diefe Aenderung hilft nichts. Die nähere Beftimmung der Confulate fcheint überhaupt nicht urfprünglich zu fein, wenigftens haben die grofsen griechifchen Menäen zum 12. October nur die Angabe ἐν ὑπατείᾳ Διοκλητιανοῦ καὶ Φλαβιανοῦ ἡγεμόνος (Acta SS. I. c. 560); wenn aber urfprünglich eine nähere Zeitbeftimmung im Texte ftand, fo war es ficher die (chronologifch unmögliche) Angabe des erften oder zweiten Confulats des Diocletian, welche wir auch in andern Martyrien wiederfinden. Nun hat aber in den fpätern Martyrologien die Regierungszeit Diocletians fich völlig mit der Verfolgung identificirt (vrgl. auch Hunziker, zur Regierung und Chriftenverfolgung Diocletians S. 259 flg.). Die vielleicht von fpäterer Hand hinzugefügte Nachfchrift nennt ftatt des Confulatsjahres vielmehr das erfte Jahr der Verfolgung (ἐν τῷ πρώτῳ ἔτει τοῦ διωγμοῦ), eine Angabe, die nach der Ausdrucksweife jener Martyrien daffelbe befagt, wie das erfte Confulat oder das erfte Kaiferjahr Diocletians. Sicher fteht hiernach nur, dafs das Martyrium des Tarachus, Probus und Andronikus während der nach Diocletian benannten Chriftenverfolgung erfolgte; ob aber zu Anfang oder gegen Ende derfelben, mufs dahingeftellt bleiben. Die Acten in ihrer vorliegenden Geftalt find auch keineswegs, wie gewöhnlich behauptet wird, ächte acta praesidialia. Der Umftand, dafs die Stadt Anazarbos in Kilikien bereits als μητρόπολις bezeichnet wird, beweift freilich nicht, dafs die Acten jünger find als die von Arkadius herrührende Theilung der Provinz Kilikien, da Anazarbos fchon feit Caracalla den Titel μητρόπολις führt (vrgl. Eckhel doctr. numm. III, 42). Aber

ander ab. Während die Faſten, welche Euſebios benutzte, übereinſtimmend mit denen der liberianiſchen Chronik das Conſulat des
Jahres 21 u. Z. (774 u. c.), Tiberio et Druſo, als das vierte Conſulat
des Tiberius, das des Jahres 31 u. Z. (784 u. c.) aber, Tiberio ſolo,
als das fünfte zählen, ſo wird in den Faſtis Idatianis, welche auch den
Conſulverzeichniſſen bei Epiphanios, haer 51. 22. 23. und in der

das dreifache Verhör in Tarſos, Mopsveſtia und Anazarbos ſcheint darauf zu
deuten, daſs alle drei Städte damals, als die Acten entſtanden, die heiligen
Märtyrer für ſich in Anſpruch nahmen. Das ältere römiſche Martyrologium
und darnach Ado, Uſuard u. A. verlegen den Tod der drei Märtyrer nach
Tarſos; von den Texten unſrer Acten ſetzen die einen das zweite Verhör
nach Mopsveſtia und das dritte nach Anazarbos, die andern umgekehrt das
zweite nach Anazarbos und dritte nach Mopsveſtia. Bei Mopsveſtia erbaute im
5. Jahrhundert der dortige Biſchof Auxentius (d. h. der zweite dieſes Namens,
der das Symbol von Chalkedon unterſchrieb) den Heiligen eine Kirche und
ſetzte ihre Reliquien daſelbſt bei (vrgl. Acta SS. Sept. T. V. p. 40 ſqq. und
dazu die Erörterung in den Acta SS. Octob. T. V. p. 562). Den Acten
iſt ein jetzt nur noch lateiniſch erhaltener, aber auch vom griechiſchen Texte
(c. 41 Anfang) vorausgeſetzter Brief von 11 kilikiſchen Chriſten vorausgeſchickt,
worin dieſelben mittheilen, daſs ſie die nachfolgenden acta praesidialia von
einem Speculator Sabaſtus für 200 Denare gekauft haben. Dann folgen die
angeblichen acta praesidialia, welche das dreifache Verhör erzählen; den
Märtyrertod der drei Heiligen aber berichten die 11 Briefſteller wieder im
eigenen Namen als Augenzeugen. Es kann indeſſen keinem Zweifel unter-
liegen, daſs die obige Angabe des Briefes nur ſchriftſtelleriſche Einkleidung
iſt. Der Brief, der mit dem Schluſsberichte über das Martyrium zuſammen-
gehört, iſt ſicher keine ſpätere Zuthat, ſondern ebenſo alt oder jung wie der
mittlere Theil, der die angeblichen Präſidialacten enthält; letztere aber ſind
nichts weniger als ein officielles Actenſtück, ſondern ein chriſtliches Machwerk
von ſchlechteſtem Geſchmack, welches von den ärgſten Unwahrſcheinlichkeiten
und Uebertreibungen wimmelt. Mögen dieſe Acten immerhin eine Ueberarbeitung einer älteren Grundſchrift ſein, jedenfalls iſt auf ihren vorliegenden
Text ſchlechterdings kein Verlaſs. Die in ihnen enthaltene Angabe über
die heidniſchen Pilatusacten muſs alſo auf ſich beruhen und vermag jedenfalls das Zeugniſs des Euſebios nicht umzuſtoſsen.

Acten über den Kreuzestod Chriſti werden übrigens auch in dem interpolirten Martyrium des Ignatios von Antiochia c. 3. (bei Dreſſel Patres
Apoſt. p. 350) angeblich aus dem Munde von Heiden erwähnt. Dort wird
dem Trajan mitgetheilt, Ignatios erweiſe Chriſto göttliche Ehren, obwol
derſelbe doch von Pilatus zum Kreuzestode verurtheilt ſei, wie die auf ihn
bezüglichen Acten lehren (μηνύεται αὐτῷ τὰ κατὰ τὸν θεοφόρον Ἰγνάτιον,
ὡς εἴη τε τὰ χριστιανῶν πρεσβεύων καὶ Χριστὸν ἴσα καὶ θεοὺς τιμᾶν τοῖς
ἀνθρώποις ἀναπείθων, καὶ ταῦτα σταυρὸν ὑπὸ Πιλάτον καταχριθέντα καὶ
θάνατον, ὡς τὰ περὶ αὐτοῦ διδάσκουσιν ὑπομνήματα). Angenommen

Paſſahchronik zu Grunde liegen (vrgl. auch Mommſen, römiſche Chronologie, S. 113), das alleinige Conſulat des Tiberius im Jahre 31 vielmehr als ſein viertes, das Conſulat des Tiberius und Druſus dagegen als das dritte des Tiberius gezählt. Ohne Zweifel haben die heidniſchen Acten dieſe letzte. dem Euſebios unbekannte Zählung befolgt. Sie ſetzen alſo den Tod Jeſu ein oder zwei Jahre ſpäter als die ältere Chronologie, welche je nachdem man das 15. oder das 16. Kaiſerjahr des Tiberius als Todesjahr feſthielt, die Conſuln des Jahres 29 u. Z. (Rubellius Geminus und Rufus oder Fufius Geminus) oder des Jahres 30 u. Z. (Vinicius und Caſſius Longinus) anführte. Dies ſcheint eine zweijährige öffentliche Wirkſamkeit Jeſu vorauszuſetzen. Indeſſen wiſſen wir wieder nicht, welchem Conſulate der Verfaſſer das Geburtsjahr Jeſu gleichgeſetzt hat. Da das Conſulat des Jahres 31 u. Z. bis zum Auguſt dem 17., von da ab dem 18. Jahre des Kaiſers Tiberius entſpricht, ſo fiele die Paſſion Chriſti in das 17. Jahr dieses Kaiſers; hätten die von dem Verfaſſer benutzten Faſten aber ebenſalls ſchon das Conſulat der beiden Gemini von dem des Rubellius und Rufus unterſchieden, ſo könnte das vierte Conſulat nach ſeiner Rechnung dem 18. Jahre des Tiberius entſprechen. Sicheres läſst ſich indeſſen nicht ausmitteln, zumal auch von den ſpäteren Chroniſten faſt jeder bei der Berechnung der Conſuln für das Todesjahr Chriſti ſein eigenes Syſtem befolgt: Malala ſetzt es unter die Conſuln Sulpicius Galba und Sulla (33 u. Z.), das Chron. Paſch. unter Aruntius und Ahenobarbus (32), Synkell gar Nerone III et Messala (d. i. 58 u. Z.). Jedenfalls iſt die

---

aber auch, daſs hier wirklich die heidniſchen Acten gemeint ſind, ſo iſt das Zeugniss doch chronologiſch ohne Belang, da die vorliegende Geſtalt des Martyriums ſicher aus einer Zeit ſtammt, in welcher unſre chriſtlichen Pilatusacten ſchon vorhanden waren. Das Schriftſtück ſcheint aus einer Verſchmelzung des ältern, zuerſt von Ruinart herausgegebenen (bei Dreſſel p. 208 fl.) und des zuerſt von Dreſſel (p. 368 fl.) veröffentlichten, übrigens ebenſalls ziemlich jungen Martyriums entſtanden zu ſein. Es läſst den Trajan Krieg gegen die Perſer führen (c. 3. 10), was jedenfalls eine Zeit verräth, in welcher das 226 u. Z. gegründete Saſſanidenreich längſt beſtand; es redet gelegentlich von den Kaiſern in der Mehrzahl (αὐτοκράτορες, βασιλεῖς c. 3. 4), was erſt ſeit Diocletians Reorganiſation des Reiches üblich geworden ſein kann, ja es ſpielt geradezu auf die kaiſerlichen Edicte in der diocletianiſchen Verfolgung an (c. 6). Es ſetzt ferner voraus, daſs damals die Bevölkerungen von Antiochia und Rom ſchon völlig oder doch überwiegend chriſtlich waren (c. 8). und kennt in der Doxologie am Schluſſe (c. 27) bereits das 381 zu Conſtantinopel ins Symbolum aufgenommene Prädicat τὸ ζωοποιοῦν für den heiligen Geiſt.

Anfetzung des Todes Jefu in das vierte (fonft fünfte) Confulat des Tiberius kein Beweis. dafs die heidnifchen Pilatusacten fchon die johanneifche Chronologie des Lebens Jefu befolgten. Dies haben vielmehr erft die chriftlichen nach dem Vorgange des Eufebios gethan. Sind diefelben aber unzweifelhaft jünger als die heidnifchen, und ebenfo ficher erft nach dem Jahre 326 gefchrieben, fo wird man mit der Abfaffungszeit derfelben wahrfcheinlich noch etwas tiefer hinabgehen müffen. Denn die Kirchengefchichte des Eufebios fcheint, wenn auch ihre erften Bücher bald nach dem Jahre 325 ausgearbeitet fein mögen, fchwerlich vor dem Jahre 337 vollendet worden zu fein, und die Annahme einer früheren Veröffentlichung der 9 erften Bücher (vgl. Heinichen. prolegg. ed. 2. p. XLVII sq.) ift wenigftens problematifch. Da nun aber die chriftlichen Pilatusacten die Kirchengefchichte benutzen, alfo jedenfalls nicht unmittelbar nach dem Erfcheinen des heidnifchen Buches gefchrieben fein können, fo liegt es nahe, den äufseren Anlafs zu ihrer Abfaffung in der mit Kaifer Julianus eingetretenen Reaction des Heidenthums zu fuchen, und ihre Abfaffung fonach in die Regierungszeit diefes Kaifers (November 361 bis Juni 363) zu verlegen.

Die fonftige Befchaffenheit unferer Acten beftätigt nur das gefundene Ergebnifs. Wenn Tifchendorf weder in ihrem Inhalt noch in ihrer Sprache etwas zu entdecken vermag, was mit der von ihm angenommenen Abfaffungszeit (Anfang des 2. Jahrhunderts) im Widerfpruche ftände (vgl. auch Nicolas a. a. O., p. 368 fg.), fo hat dagegen neuerdings Scholten (a. a. O., S. 169 ff.) auf eine Reihe fprachlicher und fachlicher Erfcheinungen aufmerkfam gemacht, welche handgreiflich einen fpäteren Urfprung verrathen. Einzelnes von Scholten geltend Gemachte, wie die Indictionenrechnung und der Titel eines προτίχτωρ (protector) ἀπὸ ἐπάρχων gehört dem Bearbeiter vom Jahre 425 an und ift in Abzug zu bringen. Auch die fabelhaften Züge unferer Erzählung, welche Scholten beanftandet, wie die Ehrenbezeugung, welche die Kaiferbilder auf den römifchen Standarten bei eintretenden Jefus erweifen, entfcheiden nichts. Schon das 2. Jahrhundert hat die Gefchichte Jefu und feiner Apoftel vielfach ins Magifche gemalt. Dennoch bleiben noch genug Merkmale einer fpäteren Zeit zurück. So die Anrede »Deine Gröfse« (τό σον μέγεθος;) oder nach andrer Lefeart »Eure Gröfse« (τό ἡμέτερον μέγεθος) mit welcher die Juden den Pilatus beehren (Kap. 1): eine Titulatur, die vor den Zeiten Conftantins unerhört ift (vrgl. Scholten, S. 172 flg.); das Ehrenprädicat τίμιος διδάσκαλος c. 15 oder gar ὁ τίμιος πατήρ ἡμῶν (als

Bezeichnung des Jofeph von Arimathia (Kap. 16); der Titel *πιστὸς*
βασιλεύς, der wenigflens vor der Zeit Juflins keinem Kaifer gegeben
wurde; desgleichen Worte wie *καθάπλωμα* (oder gar ohne Afpiration
κατάπλωμα), Mantel, *φασκώλιον* (fasciale) eine Art Turban, den der
πουφόρος, der Courier oder Lakei des Pilatus, auf dem Kopfe trägt
und vor Jefu Füfsen als Teppich aufrollt (vrgl. Scholten S. 174).
Ob die jüdifche Sage von Jefu unehelicher Geburt, welche die Acten
Kap. 2. vorausfetzen, bereits in der erften Hälfte des 2. Jahrhunderts
verbreitet war, was Scholten (S. 169) beftreitet, mufs dahingeftellt
bleiben. Juftin gedenkt derfelben noch nicht, obwol er, wenn er fie
fchon gekannt hätte, nicht wohl davon fchweigen konnte (vrgl. bef.
dial. c. Tryph. c. 17. 108); dagegen bringt fie fchon Celfus (Orig.
c. Cels. 1, 28. 32), der um 170 gegen die Chriften fchrieb, vor.
Unfre Acten wiffen übrigens nichts von der Behauptung, dafs Maria
Jefum in Folge ehebrecherifchen Umgangs mit dem Soldaten Panthera
erzeugt habe, fondern laffen die Juden einfach mit der Anklage auftreten. Jefus fei aufser der Ehe geboren, worauf die Entlaftungszeugen
verfichern, Maria fei dem Jofeph rechtmäfsig verlobt worden. Vermuthlich erzählten alfo die heidnifchen Acten, gegen deren Darftellung
die chriftliche Schrift gerichtet ift, Maria habe Jefum dem Jofeph
aufser der Ehe geboren.

Als ein Hauptmerkmal fpäterer Abfaffung hat Scholten mit
Recht noch den Namen *Βερνίκη* oder *Βερονίκη*, in den lateinifchen Hand-
fchriften Veronica, geltend gemacht, den nach Kap. 7 die blutflüffige
Frau führt (a. a. O. S. 170 ff.). Dafs der Name urfprünglich im
Texte ftand und fehr mit Unrecht von Tifchendorf daraus entfernt
ift, zeigt das Verhältnifs der Handfchriften: nur zwei griechifche
Handfchriften der älteren Recenfion (BD bei Tifchendorf) laffen ihn
weg, zwei andere, (codd. AC) darunter die erfte Münchener (A) die
vorzüglichfte von allen, ferner fämmtliche Handfchriften der lateinifchen
Ueberfetzung und der jüngern griechifchen Recenfion haben den Namen.
Die mehr als bedenkliche Etymologie diefes Namens: Vera ikon
(*εἰκών*) nach welcher das Wort Veronica urfprünglich Bezeichnung des
auf dem Schleier der Frau abgedrückten Bildes Jefu fein foll, kann
natürlich nicht in Betracht kommen. Vielmehr heifst *Βερνίκη* in der
judenchriftlichen Legende die nach Matth. 15, 22 von Jefu geheilte
Tochter des kananäifchen oder fyrophönikifchen Weibes, als deren
Aufenthalt Tyrus bezeichnet wird (Clem. Hom. III. 73. IV. 1. 4. 6).
Mit diefer wurde fpäter die blutflüffige Frau Matth. 9, 20 ff. ver-
wechfelt, welche gelegentlich auch noch von der fpäteren Legende

nach Tyrus verfetzt wird (vrgl. Thilo proll. p. CXXXVIII). Anlafs
zu der Verwechslung bot der von Réville[1]) und darnach von Scholten hervorgehobene Umſtand, dafs die Valentinianer und Ophiten in
der blutflüffigen Frau den gnoſtifchen Aeon *Προύνικος* abgebildet fanden[2]).
Die kirchliche Sage, welche vielfach aus gnoſtifchen Quellen geſchöpft
hat, fand in diefem Aeon *Προύνικος* die Tyrierin *Βερένικη* oder *Βερονίκη*
wieder, und während die ältere Legende der Clementinen in Ver-
geffenheit fank, ging der Name Bernike oder Veronika auf die blutflüffige Frau von Paneas über, deren wunderbare Heilung durch Jefum
jene auf hohem Poſtamente von Stein errichtete Erzgruppe darftellen
follte, welche noch Eufebios gefehen und befchrieben hat (h. e. VII,
18). Die Gruppe zeigte ein knieendes Weib mit hilfeflehend ausge-
ftreckten Händen; ihr gegenüber die Geſtalt eines hohen Mannes im
weiten, faltigen, forgfam geordneten Mantel, der ihr hilfreich die Hand
entgegen ſtreckt. Die Erzbilder haben natürlich urfprünglich mit
Jefus und der blutflüffigen Frau nicht das Mindefte zu thun, die fromme
Sage aber dichtete weiter hinzu, die Bildfäule des Mannes trage Jefu
Züge, und fei von dem dankbaren Weibe felbſt zur Erinnerung an
die ihr widerfahrene wunderbare Hilfe errichtet worden. Kaifer
Maximinus (vrgl. Asterius Amasenus ap. Photium bibl. 271), nach
Andern erſt Julianus (Sozom. h. e. V, 21. Philostorg. VII, 3) liefs die
angebliche Bildfäule Chriſti wegfchaffen und zerftören, die Gläubigen
aber fetzten fie aus den Trümmern wieder zufammen und ftellten fie
in der Kirche zu Paneas auf. Den Namen der blutflüffigen Frau
wufste die Tradition noch zu des Eufebios Zeit nicht zu nennen[3]). Er
begegnet uns zuerſt in unfern Pilatusacten, darnach bei Malala (chron.
p. 305 fqq.), der fogar den Brief der Bernike an Herodes Antipas
mittheilt, in welchem diefe zur Errichtung des Denkmals die landes-
herrliche Genehmigung einholt. Daffelbe wie Malala berichtet ein
unbekannter Chroniſt bei Combefifius (origg. rerumq. Conſtantinop.
manipulum p. 1—39), welcher den Namen *Βερονίκη* aus einer Schrift
Johannes des Zweiflers (*ὁ διακρινόμενος*) erhalten haben will[4]). Die
Gefchichte aber von dem Schleier oder dem Schweiſtuche der Veronika, auf welchem das Bild Jefu fich abdrückt, gehört erſt einer noch

---

[1]) Le Lien 1863 n. 28 la Véronique une fainte Gnoftique vrgl. auch Zöckler
Artikel Veronica in Herzogs Real-Encyklopädie.
[2]) Orig. c. Cels. VI, 35 vrgl. 34. Iren. haer. I, 29, 4 vrgl. I, 3, 3. II, 20, 1.
23, 1. Epiph. haer. 25, 4. 37, 6.
[3]) Ambrofius (de Salom. 5) denkt an Martha, die Schwefter des Lazarus.
[4]) Vgl. über diefen Johannes Fabric. Bibl. Graec. VI p. 113 ed. princ.

fpäteren Legende an (vrgl. acta SS. zum 4. Februar. p. 450 fq.,
Baronius annal. ad. ann. 34 n. 133). Sie will offenbar die Treue der
in Erz gegoffenen Gefichtszüge Jefu auf der Bildfäule zu Paneas beglaubigen, fcheint aber urfprünglich nur ein Plagiat an der edeffenifchen Legende zu fein, bei welcher aber Veronika keine Rolle fpielt.
Das Schweifstuch mit den Gefichtszügen Chrifti war eine berühmte
Reliquie der Edeffener. Die Legende findet fich z. B. in den griechifchen
Acten des Thaddäus, welche Tifchendorf herausgegeben hat
(acta apoftolorum apocrypha p. 261 fq.). König Abgar von Edeffa
fendet einen Brief an Chriftus, worin er denfelben bittet, ihn von einer
Krankheit zu heilen und trägt zugleich dem Ueberbringer Ananias
auf, ihm die Geftalt Chrifti zu befchreiben. Chriftus drückt darauf
feine Gefichtszüge in ein Tuch ab, welches er dem Ananias mitgiebt.
Beim Empfange des Bildes betet Abgar daffelbe an und wird geheilt.
Nach einer anderen Wendung derfelben Legende, die wir bei fpäteren
Chroniften lefen, fchickt Abgar erft nach dem Empfange des Briefes
Chrifti einen Maler an ihn, um fein Bild abzunehmen; als aber dem
Maler fein Werk nicht gelingt, prägt der Heiland felbft feine Gefichts-
züge in ein Schweifstuch ab und fendet diefes dem König (Synkell.
p. 623 ed. Bonn. Georgios Hamartolos ed. Muralt p. 237. Niceph.
h. e. II, 7 u. A.) Die Erzählung von dem Schweifstuche ift jünger
als die Abgarfage. Der angebliche Briefwechfel zwifchen Abgar und
Chriftus (bei Eufebios h. e. I, 13, fyrifch bei Cureton ancient Syriac
Documents p. 1 fq.) weifs davon noch nichts. ebenfo wenig die Syrifche
Doctrina Addaei (bei Cureton a. a. O. p. 6—23). Erft im fpäteren Texte
des Briefes Jefu an Abgar find einige auf die Legende mit dem Schweifstuche bezügliche Worte eingefchoben (vrgl. Fabricius cod. apocr. N. T.
III p. 514 fq.). Doch find die griechifchen Thaddäusacten fchon vor
Mitte des 4. Jahrhunderts entftanden (vrgl. Gutfchmid, die Königs-
namen in den apokryphen Apoftelgefchichten, Rhein. Mufeum für Philo-
logie Neue Folge XIX p. 171). Merkwürdig ift übrigens. dafs die
doctrina Addaei den Apoftel Thaddäus aus Paneas gebürtig fein läfst;
doch wiffen die griechifchen Acten davon nichts: nach ihnen ftammt
er vielmehr aus Edeffa. Die fpätere Legende von dem Schweifstuche
der Veronika ift vermuthlich eine Combination der edeffenifchen Local-
fage mit der Sage von dem Erzbilde in Paneas. Verwandt ift übrigens
auch noch die Legende von der Plautilla, welche nach Pfeudo-Linus
(Bibl. Patr. Maxim. II p. 72) dem zur Richtftätte abgeführten Paulus
ihren Schleier oder ihr Schweifstuch leiht, um die Augen des Apoftels
zu verbinden, bevor ihn der tödtliche Schwertftreich trifft. In einigen

Handfchriften der Acten des Petrus und Paulus, wo fich diefelbe
Erzählung mit einigen Modificationen wiederfindet, heifst die Jungfrau
Perpetua (bei Tifchendorf acta app. apocr. p. 34 fq.). Die Legende
von der heiligen Veronika befitzen wir noch in verfchiedenen lateinifchen Texten und in einer angelfächfifchen Uebertragung, überall in
Verbindung mit der Erzählung von der Beftrafung des Pilatus und
der wunderbaren Heilung des Tiberius durch das Schweifstuch mit
dem Bilde Jefu Chrifti. Marianus Scotus (chron. ad ann. 39) will fie
aus Methodius excerpirt haben, den Thilo (prolegg. p. CXXXII) für
den berühmten Bifchof von Tyrus hält. Sie ift zuerft unter dem Titel
Cura fanitatis Tiberii et damnatio Pilati von Foggini (exercitt.
hiftorico-crit. de Romano divi Petri itinere Florenz 1742 p. 38 fq.)
aus einem cod. Vatic. faec. XI, darnach von Manfi (in Baluze Mis-
cell. IV. 55 fq.) nach einer angeblich aus dem 8. Jahrhundert ftammenden Handfchrift herausgegeben. und findet fich auch in zwei
Parifer Handfchriften (cod. 2034 faec. IX und 5559. hier hinter dem
evang. Nicodemi) und einem von Thilo (prolegg. p. CXXXVI fq.)
gefundenen und befchriebenen Hallifchen Codex. Eine andere Textgeftalt hat Tifchendorf (evang. apocr. p. 448 fq.) aus einem Venc-
tianer und einem Mailänder Codex unter dem Titel Vindicta Salvatoris
herausgegeben; diefelbe ift die Quelle für die von Goodwin (the
Anglo-Saxon Legends of St. Andrew and St. Veronica. Cambridge
1851) veröffentlichte angelfächfifche Legende (vgl. Tifchend. proll.
p. LXXXI fq.). Ein dritter, wefentlich abweichender Text findet fich
in der goldenen Legende des Jacobus a Voragine (ed. Graeffe p. 232
fq.), in dem von K. A. Hahn (Frankfurt a. M. 1845) veröffentlichten
alten deutfchen Paffional und lateinifch bei Tifchendorf als Mors
Pilati (a. a. O. p. 432 fq.) aus einem Mailänder Codex des fünf-
zehnten Jahrhunderts. Die relativ ältefte Geftalt der Sage fcheint die
bei Foggini. Manfi und Thilo zu fein. Ihr Urfprung ift jedenfalls
im Abendlande, wahrfcheinlich in Aquitanien zu fuchen, die Urfprache
ift lateinifch. die Abfaffungszeit fcheint das 8. Jahrhundert zu fein.
Die Veronika der fpäteren Legende ift nun allerdings mit der blutflüffigen Frau eine und diefelbe Perfon (vgl. z. B. die angeführten
Texte bei Tifchendorf): die Bemerkung von Scholten gegen eine
fpätere Einfchiebung diefes Namens in die Handfchriften unferer Acten,
der Name Veronica fei ja nachmals allgemein •einer anderen Frau•
gegeben worden, beruht alfo auf einem reinen Verfehen. Aber jedenfalls fetzt die Uebertragung des Namens von der Tochter der
Kananäerin auf die blutflüffige Frau in Paneas eine Zeit voraus. in

welcher die Katholiker fich gnoftifche Sagen in ausgedehnterem
Maafse zu Nutze machten; und da Eufebios die Urheberin des Stand-
bildes noch nicht unter dem Namen *Βερνίκη* oder *Βερονίκη* kennt, fo
wird unfer obiges Urtheil über die Abfaffung der acta Pilata bald
nach Mitte des vierten Jahrhunderts auch durch die Stelle von der
Veronica beftätigt, man müfste dann annehmen wollen, der Name fei
erft in der Bearbeitung vom Jahre 425 hinzugethan, was ebenfo
fchwer zu beweifen, als zu widerlegen fein dürfte.

Von den übrigen, aus der fpäteren Tradition ftammenden
Namen, die uns in den Pilatusacten begegnen, ift der Name Procula
für die Gattin des Pilatus (Kap. 2) in Abzug zu bringen. Derfelbe
findet fich dafelbft in einer einzigen griechifchen Handfchrift (Cod. C
bei Tifchend.), und fehlt auch bei den befferen Zeugen des lateinifchen
Textes. Der Name Longinus ferner für den Soldaten, der den
Lanzenftich thut, fteht Kap. 16 ficher. Dagegen findet er fich Kap. 10
nur in einem fpäteren Zufatze, der ebenfalls nur von einer einzigen
griechifchen Handfchrift (cod. B bei Tifchend.) und einigen jüngeren
lateinifchen Handfchriften geboten wird. Die jüngere griechifche
Recenfion legt dagegen Kap. 11 den Namen Longinus nicht dem
Soldaten mit der Lanze, fondern dem Centurio bei, welcher unter
dem Kreuze die Gottesfohnfchaft Jefu bezeugt, womit auch einige
Handfchriften der älteren griechifchen Recenfion in Kap. 16 übereinftimmen. Man vergleiche über Procula Thilo a. a. O. p. 522 fq.,
hinfichtlich der doppelten Tradition über die Perfon des Longinus
Thilo a. a. O. p. 586 ff. Den Nachrichten bei Thilo ift hinzuzu-
fügen, dafs auch einer der Soldaten, die den Paulus zur Richtftätte
abführen und nach der Hinrichtung des Apoftels fich bekehren, den
Namen Longinus getragen haben foll (vrgl. Pfeudo-Linus de paffione
Pauli in bibl. Patr. Max. II p. 72 fq.)

Die Sage von Longinus begegnet uns aufser unferen Acten
häufig feit Anfang des 5. Jahrhunderts. Gregor von Nyffe (epiftola
bei Zacagni Collectt. monum. vet. Rom. 1698 p. 391) läfst den Haupt-
mann Matth. 27. 34 fpäter Bifchof von Kappadokien werden, nennt
aber feinen Namen nicht. In den angeblich von Hefychios im
Jahre 429 verfafsten griechifchen Acten (acta SS. zum 15. März
T. II, p. 386 fq.) ift Longinus der Centurio, im Martyrol. Roman.
und den übrigen lateinifchen Martyrologien dagegen (vrgl. Acta
SS. a. a. O. p. 384 fq.) der Soldat mit der Lanze, daher man
felbft feinen Namen *Λογγῖνος* von *λόγχη* hat ableiten wollen. Wenn
der Name urfprünglich aus Pfeude-Linus genommen ift, fo mufs man

die Ueberlieferung der Lateiner, mit welcher die ältere Recenfion unfcrer Pilatusacten übereinſtimmt, für die relativ ältere halten. Auch fonſt fchöpfte die Tradition über Longinus aus den actis Petri et Pauli, vrgl. die Legende von den durch das Blut Chriſti geheilten Augen des Longinus mit der Sage von Perpetua acta Petri et Pauli c. 27. 29 ed. Thilo. Letztere Sage hängt wieder mit der von Veronika zufammen.

Die beiden mit Jefus zugleich gekreuzigten Schächer heifsen nach dem ficher beglaubigten Texte von Kap. 9 und 10 Dysmas und Geſtas (cod. A Στέγας). Das arabifche Kindheitsevangelium (c. 22) nennt ſtatt ihrer den Titus und Dumachus (Θεόμαχος), Andere nennen noch andere Namen [1]). Nach der Befchaffenheit der Namen zu fchliefsen, fcheinen die des arabifchen Kindheitsevangeliums (oder der darin benutzten gnoſtifchen Quelle) die älteren zu fein, welche fpäter faſt allgemein durch die von den Pilatusacten angegebenen verdrängt wurden. Zu der fchönen Erzählung des Arabers von den beiden Räubern, die der heiligen Familie in Aegypten begegnen, findet fich übrigens ein Seitenſtück in einer Handfchrift der jüngeren Recenfion der Pilatusacten (bei Tifchend. p. 287). Als Epifode lefen wir hier die Erzählung von der Reife nach Aegypten, von der Dattelpalme, die fich wunderbar zu Maria herabneigt und von dem Räuber Dysmas, der das Kind Jefus anbetet, die heilige Familie ins Haus nimmt und dafür die Heilung feines ausfätzigen Sohnes durch das Badewaffer·Jefu erlangt. Das Stück iſt offenbar aus einer gemeinfamen Quelle mit dem Kindheitsevangelium gefloffen; fehr zweifelhaft aber bleibt, ob der Räuber fchon dort den Namen Dysmas geführt habe. Wenigſtens begegnet uns auch in dem aus einer gnoſtifchen Quelle gefchöpften zweiten Theile der Pilatusacten, wo der gute Schächer in der Unterwelt erfcheint. diefer Name nicht wieder.

Auch fonſt fehlt es in unferen Acten nicht an Spuren einer fpäteren Zeit. Dafs fie unmöglich aus der 1. Hälfte des 2. Jahrhunderts ſtammen können. zeigen fchon die zahlreichen Umbildungen und Mifsverſtändniffe der in unfern kanonifchen Evangelien und in der Apoſtelgefchichte enthaltenen Erzählungen. So wird c. 3 das der jüdifchen Obrigkeit durch die Römer genommene Recht über Leben und Tod zu einem göttlichen Verbot. einen Menfchen zu tödten: fo

[1]) vrgl. Thilo·a. a. O. 143. 580. Hofmann, das Leben Jefu nach den Apokryphen S. 177 ff.

wird c. 4 der herodäifche Tempel für den falomonifchen erklärt.
Kap. 5 wird der Rath des Gamaliel dem Nikodemus in den Mund
gelegt. Kap. 16 heifst der Priefter Simeon Luc. 2, 25 ὁ μέγας διδάσκαλος,
Kap. 14 werden Chrifti Himmelfahrt und feine letzten Aufträge an
die Jünger mit den Worten des unächten Marcusfchluffes (16. 15 ff.)
erzählt. Bei Verkündigung des Todesurtheils (Kap. 9) läfst Pilatus
nach einer im vierten und fünften Jahrhunderte vielfach bezeugten
Sitte den Vorhang (βῆλον d. i. velum) des Tribunals zuziehen (vrgl.
Thilo p. 574 fqq.). Als die Soldaten Jefum entkleidet haben, um-
gürten fie (Kap. 10) feine Lenden mit einem linnenen Schurz (λέντιον),
ein Zug, der bereits das Vorhandenfein von Bildern des Gekreuzigten
vorausfetzt (Thilo p. 582 fq.). Auch die feit Julius Africanus und
Origenes viel verhandelte Streitfrage, ob die Finfternifs bei Jefu Tod
eine gewöhnliche Sonnenfinfternifs gewefen fei oder nicht, ift unferm
Verfaffer bekannt (Kap. 11).

Aus Vorftehendem erhellt zur Genüge, mit welchem Rechte
Tifchendorf nicht nur unfre Kenntnifs der Leidensgefchichte durch die
Acta Pilati ergänzen, fondern diefe Schrift auch als ein Hauptbe-
weismittel für das Vorhandenfein des vierten Evangeliums bereits am
Anfange des 2. Jahrhunderts verwenden wollte. Mag einiges im Obigen
als Merkmal fpäterer Abfaffung Angeführte auch erft auf Rechnung der
Bearbeitung vom Jahre 425 kommen, mögen felbft die Kapitel 12—16
erft vom Bearbeiter hinzugefügt fein, fo wird doch hierdurch unfer
oben gewonnenes Ergebnifs nicht umgeftofsen, dafs auch die Grundfchrift unfrer Pilatusacten erft um die Mitte des 4. Jahrhunderts entftanden fei.

Anders verhält es fich mit dem in der Bearbeitung hinzuge-
kommenen zweiten Theile. Die in demfelben (Kap. 18—26) mit-
getheilte Schrift des Leucius und Charinus über die Höllenfahrt Chrifti,
die Feffelung Satans und die Befreiung der gefangenen Seelen hat
urfprünglich mit unfern Pilatusacten in keiner Verbindung geftanden.
Auf gnoftifchen Urfprung weifen fchon die Namen Leucius und Charinus hin. Es bedarf keiner Bemerkung, dafs nur das Mifsverftändnifs
eines Späteren aus dem als Urheber zahlreicher apokryphifcher Le-
genden bei den Katholikern übelberufenen Gnoftiker Leucius oder
Lucius Charinus zwei Perfonen gemacht hat. Offenbar hat die urfprüngliche Schrift über die Höllenfahrt Chrifti eben diefen Leucius
Charinus als Verfaffer genannt. Wahrfcheinlich legte diefelbe, wie
dies noch jetzt der nur in der jüngern Recenfion erhaltene griechifche

Text thut. ihre Erzählung den beiden von den Todten auferftandenen
Söhnen des Simeon in den Mund, wogegen die Namen Leucius und
Charinus für die beiden Zeugen der Höllenfahrt Chrifti einfach dem
Titel der verarbeiteten Quelle entlehnt find.
Auf den alterthümlichen Character diefer Schrift hat fchon
Thilo in feiner gründlichen Weife aufmerkfam gemacht. Der Vor-
ftellungskreis, in welchem fich diefelbe bewegt, läfst fich gröfsten-
theils aus den älteften Vätern, Irenäus, Tertullian, Clemens, Origenes,
den Teftamenten der zwölf Patriarchen, dem Dialog de recta fide
u. f. w. belegen. Sehr mit Unrecht wollte Nicolas (a. a. O. p. 377 fq.
vrgl. p. 288 fq.) aus der Geftalt, in welcher hier die Vorftellung von
der Höllenfahrt Chrifti erfcheint, auf eine Abfaffung der Schrift erft
im 4. oder 5. Jahrhunderte fchliefsen. Auch die Anficht von Alfred
Maury (nouvelles recherches fur l'époque à laquelle a été compofé
l'ouvrage connu sous le titre d'évangile Nicodéme 1850), welcher in
ihr eine Compilation aus den Schriften fpäterer Kirchenväter erblickt,
hat fchon Tifchendorf (l. c. LXVIII) mit Recht zurückgewiefen. Die
ganze Grundanfchauung von dem Siege Chrifti über den Satan und die
Befreiung der in der Hölle gefeffelten Geifter ift urfprünglich bei den
Marcioniten zu Haufe, und ging erft von diefen zu den katholifchen
Kirchenlehrern über (vrgl. Iren. haer. 1, 27. 3. Epiph. haer. 42. 4). Zu
der Schilderung der Höllenfahrt finden wir nicht nur bei Irenäus,
fondern auch in der Darftellung des marcionitifchen Syftems, welche
wir dem armenifchen Bifchof Eznig aus dem 5. Jahrhunderte verdanken,
die überrafchendften Parallelen (vrgl. Baur, chriftliche Gnofis S. 273 ff.).
Wie bei den Marcioniten der Demiurg, fo läfst hier der Teufel
Chriftum aus Eiferfucht über den Abbruch, den diefer ihm thut, durch
die Juden ans Kreuz fchlagen, in der Meinung, er habe es mit einem
gewöhnlichen Menfchen zu thun (Kap. 20); der König der Herrlichkeit
aber fteigt hinab in die Unterwelt wie ein todter Menfch (Kap. 21
vrgl. Lat. A Kap. 22), macht die Hölle leer, indem er den Teufel
feiner Herrfchaft entfetzt und die gefangenen Geifter mit fich fort-
führt (Kap. 23 ff.). Auch darin berührt fich unfere Erzählung noch
fpeciell mit der Lehre der Marcioniten und anderer gnoftifcher Par-
teien, dafs die Juden, welche Jefum auf Veranftaltung des Teufels kreu-
zigen, als »des Teufels altes Volk« bezeichnet werden (Lat. A c. 20
vrgl. Eufeb. Alexandr. p. 22 ed. Augufti). Dagegen ift es allerdings
der marcionitifchen Anfchauung gerade entgegengefetzt, wenn Kap. 24
des griechifchen Textes (vgl. Lat. B Kap. 25) die Befreiung aus der
Unterwelt auf die altteftamentlichen Gerechten, die Patriarchen und

Propheten befchränkt zu werden fcheint [1]); denn die Marcioniten liefsen ähnlich wie eine ophitifche Partei Jefum grade die vom Demiurgen Verfolgten, den Kain, die Sodomiter. Aegypter u. f. w. aus der Hölle zum Himmel erheben (vrgl. Iren. haer. 1. 27, 3). Nach Kap. 18 giebt es freilich auch für die Heiden noch eine Möglichkeit, bei der Höllenfahrt Chrifti fich zu bekehren, was wenigftens die Annahme eines judenchriftlichen Urfprungs unferer Schrift nicht begünftigt.

Auch fonft berühren fich eine Reihe von Anfchauungen in unferer Schrift eng mit dem gnoftifchen Gedankenkreife. So die Vorftellungen vom Holz des Lebens und vom Oel der Barmherzigkeit, das vom Holze des Lebens genommen ift (vrgl. Kap. 19 mit der Lehre der Ophiten Orig. c. Cels. VI, 27 und dazu die ebionitifche Meinung Recogn. Clem. I. 45). das Gefpräch zwifchen Seth und dem Erzengel Michael im Paradiefe (Kap. 19, vrgl. Kap. 28 des latein. Textes A bei Tifchend. Evang. Apocr. p. 390 und die Nachweife bei Thilo I, 685 ff. [2])), die freilich auch bei Katholikern nicht feltene Gegenüberftellung des Holzes der Erkenntnifs und des Kreuzesholzes (Thilo I, 734 ff.), die Vorftellung vom Paradiefe als einer vom Himmel noch unterfchiedenen Region, die bis zur Weltvollendung den Frommen zum Aufenthalte dient, von den Pforten des Paradiefes und dem perfonificirten Flammenfchwerte, das den Eingang behütet, desgleichen die Gebete, welche die Seele auf dem Wege zum Paradiefe und beim Eintritte zu fprechen hat (vrgl. Kap. 25. 26 mit Orig. c. Cels. VI, 31. 33) u. a. m. Die meiften diefer Vorftellungen begegnen uns freilich auch bei den katholifchen Kirchenlehrern des 2. und 3. Jahrhunderts, mit denen fich unfere Schrift auch fonft noch vielfach berührt [3]). Dagegen ift die Erzählung von der Sendung Seths

---

[1]) Vrgl. die verwandte Vorftellung in dem angeblichen Citat aus Jeremias bei Juftin dial. c. Tryph. 72. Iren. haer. IV, 33, 1. 12. V, 31, 1.

[2]) Man füge hinzu Apocalypfis Mofis c. 9. 13 fq. (ed. Tifchend. apocal. apocr. p. 5. 7 fq.), desgleichen die Stelle aus dem Teftamentum Adami bei Wright, Contributions to the apocryphal literature p. 61 fq. Tranfitus Mariae ebendaf. p. 24 der englifchen Ueberfetzung.

[3]) Vrgl. über die Predigt des Johannes in der Unterwelt Thilo 679 ff. 732 ff. und dazu Overbeck quaeftionum Hippolytearum fpecimen p. 90 fq. Die Pforten und Riegel des Hades Thilo 717, der Antheil Satans an der Kreuzigung Chrifti, feine Täufchung, Ueberwältigung und Feffelung Thilo 701 ff. 715. 726 ff., das Holz des Lebens Thilo 686 ff., das Holz der Erkenntnifs und das Kreuzesholz Thilo 734 ff., die körperliche Geftalt der Seelen in der Unterwelt Thilo 768 ff., die Vorftellungen vom Paradies Thilo 748 ff. 778 und dazu die Apokalypfe des Mofes a. a. O., die Verfetzung des Henoch und

ins Paradies, um dort das Oel der Barmherzigkeit zu holen. ficher einem älteren Apokryphum. der Apokalypfe Adams oder dem Teftamente Seths entnommen, welches jüdifcher oder judenchriftlicher Abkunft zu fein fcheint [1]). Beftimmt auf gnoftifchen Urfprung weift die Stelle Kap. 17 hin, wo die aus dem Todtenreiche zurückgekehrten Simeonföhne bei dem Gott Elohim und dem Gott Adonai [2]) befchworen werden, ihre Erlebniffe wahrheitsgetreu zu erzählen. Allerdings gehört diefe Stelle dem Eingange der Erzählung, und noch nicht der von den Simeonföhnen übergebenen Schrift an, indeffen hindert nichts anzunehmen, dafs fie bereits im Eingange des unter dem Namen des Leucius Charinus verbreiteten Buches geftanden hat. In der gegenwärtigen Geftalt des Buches find wie faft überall bei diefen Literaturproducten die gnoftifchen Spuren möglichft verwifcht, daher fich auch nicht mehr mit Sicherheit angeben läfst, ob das Original aus marcionitifchen oder aus ophitifchen Kreifen ftamme. Mit dem *κήρυγμα Πέτρου* an welches noch Tifchendorf (a. a. O. p. LXVIII) denken möchte, hat unfere Schrift in keiner ihrer Recenfionen das Geringfte zu fchaffen. Dagegen bildete die Schilderung von Himmel und Hölle auch fonft einen beliebten Gegenftand pfeudepigraphifcher Schriftftellerei. In einer äthiopifchen Handfchrift des Britifchen Mufeums (cod. add. 16, 222 vrgl. Dillmann catal. p. 22) findet fich eine Schrift unter dem Titel Vifio Mariae Virginis, nach welcher Maria unter Führung ihres göttlichen Sohnes die Oerter der Seligen und Verdammten befucht und die gehabte Vifion dem Johannes erzählt, welcher fie niederfchreibt. Verwandt ift die Erzählung im fünften und fechsten Buche des fyrifchen Textes des Tranfitus Mariae, welchen Wright (Journal of Sacred literature Jan. u. April 1865) mitgetheilt hat und in den Obfequiis Mariae (bei Wright, contributions p. 47 fq). In der letztgenannten Schrift find es vielmehr die Apoftel. denen Chriftus durch den Erzengel Michael die Qualen der Verdammten zeigen läfst.

Die meiften Berührungen mit unferer Schrift finden fich in den Acten des Andreas und Paulus, die bisher nur in koptifchen

---

Elias mit ihren Leibern in das Paradies und ihre dereinftige Wiederkehr Thilo 759 ff., die Ueberfiedelung der Gerechten bei der Höllenfahrt Chrifti Thilo 780 ff. u. A. m.

[1]) Eine Bearbeitung liegt in der oben angeführten Apokalypfe des Mofes vor, vrgl. auch Rénan, Journal Afiatique 5 Serie Tom. II, p. 427 fq.

[2]) Per deum Heloi et per deum Adonai c. 17 Lat. B. *εἰς τὸν θεὸν τοῦ Ἰσραὴλ καὶ τὸν Ἀδωναί* Gr. per deum Adonai et per deum Ifrael Lat. A.

Handfchriften wiedergefunden find. Bruchftücke daraus haben Zoëga
(catal. codd. Copticorum p. 230) und Dulaurier (fragments traduits
du copte p. 28 fq.) mitgetheilt [1]). Paulus, welcher die vom Herrn
befuchten Orte der Unterwelt gefehen hat, erzählt, als er wieder her-
aufgekommen ift, dem Andreas feine Erlebniffe. Zuerft berichtet er,
dafs er den Verräther Judas gefehen und mit ihm über die Höllenfahrt Chrifti fich unterredet habe. Als Chriftus in diefen Theil der
Unterwelt herabgeftiegen fei, habe er alle dort befindlichen Seelen
herausgeführt und nur die Seele des Judas zurückgelaffen. Dann erzählt Paulus weiter: »Ich fah die Strafsen der Unterwelt leer, Niemand
wohnte dafelbft, und die Thore, welche der Herr zerbrochen hatte,
lagen in Trümmern. Sieh diefes Stück Holz in meiner Hand, das ich
mitgebracht habe: es war die Schwelle der Pforte, die der Herr zerftört hat. Ich bemerkte auch in einem Theile der Unterwelt einen
grofsen Raum von freundlichem Anfehen. Als ich nach feiner Beftimmung fragte, antwortete man mir: Das ift der Ort, wo Abraham,
Ifaak, Jakob und alle Propheten wohnten. Darnach hörte ich eine
Menge Schuldiger an einem anderen Orte fchreien und feufzen; aber
ich konnte fie nicht bemerken. Als ich dann fragte, was das für
Orte feien, fagte man mir, es feien die, welche der Herr bei feiner
Hadesfahrt nicht betreten hat: das ift die Stätte des Heulens und
Zähnklapperns, hier kommen die Mörder hin, die Giftmifcher und
diejenigen, welche die Kinder ins Waffer werfen«. Auch diefe Schrift
fcheint gnoftifchen Urfprungs zu fein; doch läfst fich aus den bisher
veröffentlichten Bruchftücken nichts Sicheres ausmitteln.

Der gegenwärtige Text unferes Buches kann, wie fchon die
Schilderung des Johannes als eines Eremiten zeigt (Kap. 18; Lat. B
Kap. 21 und dazu die Stellen bei Thilo 679), nicht älter fein, als die
zweite Hälfte des vierten Jahrhunderts; auch der Sprachgebrauch [2])
fcheint ein früheres Zeitalter zu verbieten. Die gnoftifche Grundfchrift
mag fchon in die erfte Hälfte des 3. Jahrhunderts gehören; jedenfalls
ift fie beträchtlich älter als der erfte Theil unferer Pilatusacten. Die
katholifche Bearbeitung dagegen gehört erft in die Zeit, in welcher
die Höllenfahrt Chrifti ein beliebtes Thema bei den kirchlichen Rednern

---

[1]) Vrgl. auch Tifchendorf, apocalypfes apocryphae p. XLVII fq. Nicolas,
a. a. O. p. 288 fq.

[2]) Vrgl. Ausdrücke wie ἀρχιδιάβολος, ἀρχισατράπης, γεγενειν im Sinne von
ζητειν, und dazu Thilo p. 736 ff.; ferner das πάσχα τῆς ἀναστάσεως Kap.
27 u. A. m.

wurde. Dies war, wie Maury (a. a. O.) nachgewiefen hat. aber feit
dem 4. Jahrhunderte der Fall (vrgl. auch Nicolas a. a. O. 288 fq.,
378 fq.). Späteftens aber kann fie in die 1. Hälfte des 5. Jahrhunderts
gehören. Die beiden lateinifchen Ueberfetzungen ftammen dagegen
aus noch weit fpäterer Zeit, um von den im Texte A hinzugekom-
menen Stücken am Schlufs (Kap. 28, vgl. dazu Thilo 789) völlig zu
fchweigen. Eufebios von Alexandrien (5. oder 6. Jahrhundert) hat
unfer Buch wefentlich in der gegenwärtigen Geftalt benutzt, doch in
einer dem Texte. aus welchem die lateinifche Ueberfetzung A gefloffen ift, naheftehenden Recenfion. Auch Cäfarius von Arles (5.
Jahrhundert) fcheint unfere Erzählung zu kennen und nachzubilden
(hom. III de pafchate in Bibl. Patr. Max. VIII, 821 vrgl. Thilo 738).
In noch frühere Zeit würden wir geführt werden, wenn bereits Ephrem
der Syrer den zweiten Theil unferer Pilatusacten vor fich gehabt
hätte. In Ephrems Nifibenifchen Hymnen findet fich nämlich eine
ganze Reihe von Gedichten, welche die Befreiung der gefangenen
Seelen aus der Unterwelt in weitausgefponnenen Gefprächen zwifchen
dem Teufel und dem Tode behandeln[1]). Indeffen ift eine wörtliche
Berührung mit unferer Schrift bei aller Verwandtfchaft des Inhalts
nirgends erfichtlich.

[1]) Ephraemi Syri carmina Nifibena ed. Bickell Leipzig 1866 carm. 35—41, und
dazu hymn. 8 de paradifo in Ephr. opp. ed. Rom. III, 586—588 vgl. III,
312b ed. Rom. u. ö.